30.

O MOVIMENTO ESTUDANTIL
E A ESCOLA DO CAPITALISMO
(antologia)

COLECÇÃO *NOVA CULTURA*:

1. — IGUALDADE RADICAL PARA A MULHER. *Vários*. (Retirado do mercado e esgotado).

2. — A CONDIÇÃO DE ESTUDANTE. *Catherine Valabrègue;* com perfácio de *Manuel Reis*.

3. — A CRISE DO CATOLICISMO. *José Luis L. Aranguren*: com posfácio de *Manuel Reis*.

4. — O MOVIMENTO ESTUDANTIL E A ESCOLA DO CAPITALISMO. *Vários*.

NOVA CULTURA

O MOVIMENTO ESTUDANTIL E A ESCOLA DO CAPITALISMO

(antologia)

CENTRO C. CAMPANO
BOLAFFI-FLORES-INGRAO-RUFFOLO-RUSSO
I. ILLICH
P. FREIRE
J. GOLFIN
L. VANDERMEERSCH
M. STIRNER

LIVRARIA ALMEDINA EDITORA
COIMBRA — 1972

FICHA

— Procedência dos textos: Os dois primeiros estudos foram publicados, como «materiais sobre o Movimento Estudantil», no n.º 23-24 (1970) da Revista italiana *Giovane Critica*, e depois na Rev. francesa *Les Temps Modernes*, n.º 289-290 (1970) ● O terceiro estudo foi um discurso proferido na Conf. Internacional sobre «Juventude e Desenvolvimento», e depois transcrito em *Temps Modernes*, n.º referido ● O quarto é um artigo originalmente publicado no *CIDOC*, de Cuernavaca, e depois transcrito no *IDOC-international*, n.º 40 (1971) ● O quinto, um artigo escrito para a Rev. alemã *Lutherische Monatshefte* (Out. de 1970), e depois transcrito no *IDOC-international*, n.º referido ● O sexto, um cap. extraído do livro *La Pensée de Mao Tsé-Toung* ● O séptimo, um art. da Rev. *La Nouvelle Chine*, n.º 1 (1971) ● O oitavo, um texto de Max Stirner.

— Organizadores da Antologia e tradutores: *Mendes Lucas* e *Augusto da Encarnação*.

— Capa: *Agnelo*.

SUMÁRIO

I

Contribuição para o estudo da *Escola* capitalística 9

1. A fase actual: o modelo «pluralista» 9
2. Análise das contradições 29
3. Propostas de trabalho político 33

II

Breve análise da Escola 39

— Balanço das lutas dos anos 1968-69 39
— Institutos técnicos e institutos profissionais . . . 48
— Objectivos de controlo e construção da frente anti-capitalista 51

III

Desescolarizar a Sociedade 57

IV

Urgência de uma Revolução Cultural 91

V

O processo de Alfabetização Política 111

— Educação para uma domesticação 116
— Educação libertadora 124

VI

O Pensamento de Mao Tsé-Tung e a «Revolução Cultural» 133

1. A Política para com os Intelectuais 134
2. A Juventude e o Ensino 140
3. A Literatura e a Arte 147

VII

A Reforma das Universidades na China 151

— a situação antes da Revolução Cultural . . . 152
— a tripla aliança na Universidade 155
— Autonomia de organização e de gestão . . . 158
— um Ensino ligado à Produção 159
— um modelo de Comuna universitária 162
— a Prática antes de tudo 164
— Proletarização do recrutamento 167
— a capacidade de Inovação dos Operários . . 169
— a experiência permitirá julgar 172

VIII

Os princípios falsos da nossa Educação 175

I

CONTRIBUIÇÃO PARA O ESTUDO DA ESCOLA CAPITALÍSTICA

I. — A Fase actual: o modelo «pluralista»

O desenvolvimento industrial exige, com uma acuidade particular desde 1966, a reestruturação e a modernização de vários sectores: a administração e os serviços públicos, tanto ao nível central como na sua articulação regional, a agricultura e o comércio, que acusam, no conjunto, um forte atraso em relação ao desenvolvimento capitalista nacional.

Não é nossa intenção ilustrar aqui, em todos os seus pormenores, os meios de que o capitalismo se serviu para resolver estes problemas, nem as reacções suscitadas pelas suas tentativas de reforma entre os capitalistas ou — de maneira muito mais explosiva — entre os operários, os camponeses pobres, os operários agrícolas, os estudantes e uma parte das camadas ditas médias que, no passado, haviam permanecido fora das lutas de massa.

É, todavia, interessante examinar com atenção o modelo de Sociedade a que se referem explìcitamente os representantes políticos dos sectores mais avançados da classe capitalista: a pretensa

«Sociedade pluralista». Segundo os seus ideólogos, esta sociedade, definida como «industrial» e «post--industrial» em vez de capitalista, seria capaz de desenvolver indefinidamente as suas potencialidades produtivas e a sua vida democrática, sem «saltos» revolucionários, graças aos *mecanismos «auto-correctores»* de que é dotada.

Esta concepção — facto interessante a anotar — tende a apresentar-se como científica, isto é, como politicamente neutra, do ponto de vista burguês. Poder-se-á dar conta disso, sobretudo nessas obras sociológicas que aspiram hoje a desempenhar, pelo menos em parte, as funções da economia política burguesa, desvendada por Marx. Não é, aliás, muito original nos seus pressupostos: fàcilmente se encontram as suas raízes na própria tradição socialista. Sob formas diferentes, pode encontrar-se em numerosos textos do socialismo utópico esta concepção de «indústria» como factor gerador de progresso em si mesmo, esta confusão entre desenvolvimento produtivo (com a expansão social e institucional que ele comporta) e desenvolvimento democrático e socialista, enfim, a ilusão de que o socialismo não é outra coisa senão a forma institucional mais adaptada ao tipo de desenvolvimento em curso, há dois séculos. Podem ainda encontrar-se numerosos traços desta concepção em escritos posteriores: os «socialistas de cátedra», na tradição social-democrática alemã e na própria corrente comunista.

Mais uma vez, o desenvolvimento capitalista mostra-se capaz de utilizar, para os seus próprios fins, novos materiais ideológicos e políticos que encontra no mercado das ideias. Na fase actual, parece capaz de reconhecer, a nível ideológico, o carácter fundamentalmente contraditório da sociedade capitalista. Mas ao mesmo tempo pretende construir uma sociedade «nova», em que as classes desapareçam e são substituídas por um elevado número de «grupos de interesses» ou de «pressão». Esses grupos serão dotados de maior ou menor influência e poder, conforme o grau da sua coesão interna, o nível de «generalidade» dos interesses que representam e o rigor com que os procurarão realizar.

Instituições «realmente democráticas» garantirão a justa regularização dos conflitos entre os grupos: não por medidas repressivas relativamente aos contestatários ou a uma parte destes, mas proporcionando a todos instrumentos jurídicos e locais adaptados a resolver equitativamente os diferendos; quer dizer, com o fim de reflectir na articulação da vida social e institucional a exigência fundamental do desenvolvimento capitalista: uma relação «equilibrada» entre estabilidade social e inovações.

Pode, pois, compreender-se, à luz desta exigência, a profunda diferença entre a ordem social prefigurada neste modelo e outros modelos passados: pensemos, por exemplo, no modelo corporativo fascista.

O fascismo, com efeito, fundamentava-se nos pressupostos seguintes: *a)* que os conflitos sociais são *fenómenos*, isto é, episódios, e não expressões duma lei geral do desenvolvimento da sociedade;

b) que, como tais, são fenómenos *negativos* que perturbam o equilíbrio «normal» da vida social. No modelo pluralista, pelo contrário, o juízo negativo desaparece e os conflitos tendem a ser considerados «naturais» e inevitáveis, isto é, potencialmente positivos (no sentido «fisiológico»), se se consegue canalizá-los institucionalmente para «objectivos de interesse comum».

A esta concepção está estreitamente ligada a noção de «participação», que designa precisamente o papel dos membros do sistema, enquanto pertencem a grupos de interesse, no desenvolvimento do mesmo, tanto a nível geral (por exemplo, na planificação económica), como a níveis particulares (a escola, a fábrica, o bairro, a comuna, etc.).

Todas estas concepções «democráticas» tendem, através das reivindicações sectoriais, a enriquecer esta sociedade com instituições fundadas na participação. Isto não é, de maneira nenhuma, uma óptica própria só dos que se inspiram explicitamente no modelo pluralista, mas também dos que, por princípio, declaram opor-se-lhe firmemente. Basta pensar na posição assumida pelo Partido Comunista [Italiano] a propósito da «participação das populações interessadas» na elaboração dos planos regionais e das zonas de desenvolvimento; nesta tomada de posição, o «controlo local» substitui o controlo e a luta proletários, com todos os equívocos que isso comporta, mesmo ao nível das alianças, que são no entanto necessárias. Ou então pensemos — num domínio muito diferente e bem menos perigoso — nas linhas oportunistas, defendidas em algumas escolas, pelos camaradas do P. C. de Itália.

Luta de longa duração, quando alguns — em virtude de uma definição ridícula e reaccionária de desqualificação — lançam a palavra de ordem «nós queremos a escola difícil», enquanto os camaradas do P. C. italiano, o Partido, lhes opõem «nós queremos a escola fácil». Nos dois casos, grupos nascidos, na acção, duma necessidade de organização e de coerência encontram-se assim transformados em organismos institucionais que têm por função, um, «definir a linha justa», o outro, «representar os estudantes».

Isto é um exemplo marcante da lógica «participatória» em que desemboca inevitàvelmente a contestação, quando se não soube analisar a fundo o salto operado antes, especialmente a nível ideológico, pela direcção capitalista. É útil acrescentar, a propósito disto, que as diversas «linhas» propostas hoje pelas forças contestatárias parecem ter todas a mesma fraqueza: a sobreestimação do peso político — no sentido revolucionário — do afrontamento imediato, que conduz inevitàvelmente à subestimação do trabalho de análise metódica e colectiva, trabalho indispensável se os episódios de luta se tornam os momentos específicos duma linha de construção e de expansão da organização.

Isto é, evidentemente, muito grave numa situação em que o sistema não julga indispensáve- reprimir fìsicamente e negar teòricamente os conl flitos entre *grupos de interesse*, mas tenta antes canalizá-los em proveito do seu próprio desenvolvimento.

Mas para não cair nos ideologismos que censuramos nos outros, é, no entanto, necessário dizer algumas palavras sobre o grau de compatibilidade entre o que chamámos o «modelo pluralista» e o que se passa a nível sócio-económico. Digamos, antes de tudo, que seria absurdo subestimar, ignorar ou ridicularizar este modelo que representa o esquema estratégico mais plausível do capitalismo nacional nesta fase de «expansão interior» e de intensificação das relações «exteriores». Minimizar a sua importância significa, pois, pelo menos, não se dar conta do terreno em que se desenrola já a luta.

É necessário, no entanto, sublinhar o risco, também grave, duma sobre-estimação idealista do poder que tal esquema apresenta; é o que não compreendem certos camaradas que têm sempre na boca «o plano capitalista», mas esquecem que se este define, numa larga medida, o terreno de afrontamento das classes, isso não significa de maneira nenhuma que possa pré-determinar as suas fases e o seu resultado final. Na realidade, a existência dum esquema capitalista «óptimo», sobretudo nos momentos de luta dura, não consegue mesmo unificar pollticamente as próprias forças capitalistas. Este facto pode eventualmente provocar modificações no comportamento táctico dos grupos capitalistas mais avançados (que são os autores ou os defensores deste esquema).

Tudo isto conduz à conclusão, mais uma vez confirmada pela experiência das lutas destes últimos anos, de que analisar cientìficamente a realidade sócio-económica do ponto de vista do proletariado, significa:

a) pôr em evidência as contradições de cada fase de desenvolvimento do sistema capitalista, tomando consciência das suas características específicas, determinadas, na sua forma, por este mesmo desenvolvimento;

b) pôr em evidência a *inevitabilidade* destas contradições, uma vez que não se trata de erros contingentes, mas da reaparição duma única contradição fundamental: a exploração;

c) evitar que a maneira como se desempenham as duas tarefas apontadas não reproduza a divisão capitalista entre trabalho intelectual e manual, entre teoria e prática, entre estudo e acção; um dos objectivos deve ser, portanto, o desenvolvimento duma organização em que todos os militantes (e tendencialmente todo o proletariado) participem activamente no trabalho de análise e de elaboração da linha estratégica e táctica, e também a tradução deste trabalho em acções políticas.

Damo-nos conta da importância destas tarefas, se considerarmos o que se passa na Itália há alguns anos. Por detrás das lutas que se propagaram em quase todos os sectores, desenha-se um processo de reestruturação profunda, em que não é difícil reconhecer a transformação das estruturas sociais, económicas, culturais, institucionais da sociedade, transformações provocadas a partir dos anos 1950 pelo «milagre italiano».

Apesar das nostalgias e de alguns sobressaltos autoritários, apesar da resistência dos sectores capitalistas mais conservadores, a classe dirigente italiana começou a mobilização de «todos os cidadãos» para construir uma sociedade mais livre e mais justa (onde *liberdade* quer dizer *participação* e *tempo livre*, e onde *justiça* significa *aumento de consumo e de lucro*, tudo coisas que supõem o crescimento da *produtividade*, isto é, *da exploração*).

Se considerarmos superficialmente os fenómenos que acompanham este processo de «nova» articulação do sistema, teremos uma impressão de extraordinária variedade — sobretudo se recordarmos a Itália dos anos 50, com os seus milhões de desempregados e de desempregados parciais, com os 40% de população activa «empregada» na agricultura, com grandes migrações, e com as suas forças políticas congeladas, pela guerra fria, em dois blocos aparentemente monolíticos e hermèticamente fechados sobre si próprios.

Em cada sector aparecem novas figuras sociais e profissionais, muitas das quais eram extremamente raras no passado, e outras resultam da decomposição de papéis e funções anteriormente verificados.

Toda esta transformação gradual seria impossível sem a formação de quantidades crescentes de trabalhadores «intelectuais». Em alguns sectores e sobretudo zonas, pode já constatar-se este aumento da percentagem dos trabalhadores «intelectuais»; esta tendência está actualmente ligada à expansão do sector «terciário», ao aumento das funções de controlo em relação às funções de produção na indústria, à expansão das administrações territoriais dos serviços (professores, médicos, etc.). Paralelamente, constata-se o aumento da população escolar, atraída durante o «milagre».

Todo este conjunto de fenómenos não é evidentemente indiferente do ponto de vista político. Deve, sobretudo, notar-se que este processo de pretensa diversificação social acelerada tende a tornar o meio social mais permeável à difusão e à penetração da ideologia pluralista.

A contra-resposta não pode, pois, limitar-se às análises, nem à agitação: ao lançamento da palavra de ordem de luta contra a divisão capitalista do trabalho e suas consequências sociais, políticas e económicas mais gerais, devem corresponder uma busca concreta de formas de luta aos diversos níveis (um dos quais é precisamente a escola) e um trabalho contínuo de desmistificação teórica. O objectivo deste trabalho deve ser claro: não sòmente a luta a todos os níveis, mas a *luta anti--capitalista consciente e geral a cada nível*.

É preciso, mais uma vez, relevar a inconsistência de palavras de ordem que — denunciando a «desqualificação» dos diplomas — não tomam suficientemente a peito clarificar o sentido deste termo que é extremamente ambíguo, precisamente porque parece muitas vezes evidente.

Acontece assim que — sem o querer — se caucionam na consciência dos estudantes duas deformações políticas e teóricas: o desvio de algumas lutas para um terreno restrito, corporativo, de defesa do «valor no mercado» do diploma (o que corresponde a aceitar a hierarquia capitalista); ou, então, a ilusão de que o que se passa realmente na sociedade italiana e europeia, em geral, prova a incapacidade do sistema para resolver os seus problemas, quando, pelo contrário, ele os vai resolvendo (o que equivale a não compreender o adversário e a renunciar a agir sobre as novas contradições que a sua acção provoca).

As mesmas observações são válidas para o uso indeterminado e geral do termo «proletarização». Se este termo se utiliza fora de análises bem precisas, comporta, com efeito, o esquecimento duma descoberta fundamental do marxismo: que a cada novo nível de contradições corresponde um novo nível de mistificações possíveis e de mecanismos de integração.

É, ao ter em conta todas estas novas exigências, que se deve ver a tendência para prolongar por dois anos a escolaridade obrigatória e para permitir, através do pagamento de pré-salários aos estudantes «de mérito», um desenvolvimento da formação superior, enquanto o sistema da selecção permanece em vigor aos níveis mais elevados (doutorado de investigação).

Esta tendência encontra a sua confirmação no «Rapporto Preliminare al Programma Economico Nazionale 1971-1975» — geralmente chamado *Progetto 80* — do ministério do Orçamento e da Planificação económica.

Citemos uma passagem deste documento:

«A escola italiana deverá transformar-se gradualmente, segundo os princípios enunciados, numa instituição aberta, caracterizada por uma larga liberdade dos indivíduos e dos grupos que dela fazem parte; por um grau elevado de participação, por uma larga autonomia das instituições escolares, por uma grande descentralização regional.

«A reorganização da escola implica pôr em acção um mecanismo de investigação e experimentação que permita ao sistema escolar adaptar-se continuamente às novas exigências, e a realização de algumas reformas fundamentais, cujos pontos essenciais se podem já indicar. No que toca à obrigação escolar, será preciso regularizar o nível de escolaridade, fixar nos cinco anos a idade de entrada na escola primária e prolongar por dois anos a escolaridade obrigatória.

«Nas escolas secundárias superiores, será preciso assegurar uma formação mais homogénea e menos ligada a perspectivas profissionais, procurando criar uma estrutura escolar unitária.

«A universidade italiana deverá acolher em 1980 um milhão de inscritos. Deverá assegurar de maneira mais ampla e eficaz a formação do corpo docente e a investigação. [...] Para responder a estas exigências, será preciso não só um importante esforço de expansão quantitativa, mas também uma profunda renovação do sistema escolar, inspirando-se em princípios de liberdade, de autonomia, de participação».

Por conseguinte, a selecção e os níveis de qualificação deslocam-se para o cimo. A entrada da mão-de-obra juvenil no processo de produção é assim retardada. A escola transforma-se num gigantesco reservatório de mão-de-obra jóvem desempregada: e isto não só no sentido em que a escola, ràpidamente seguida pelo serviço militar ou civil, serve objectivamente para atenuar o descontentamento provocado pelo desemprego: a figura do jóvem trabalhador anémico tem tendência a ser substituída pela do jóvem mastigador de pastilhas elásticas e consumidor de música pop que, uma vez tornado operário, irá povoar as cinturas industriais da Europa — e se tiver muita sorte, as dos pólos de desenvolvimento italianos.

As propostas de lei para a reestruturação da escola média superior prevêem a escola obrigatória até aos dezasseis anos, seguida de um ciclo diferenciado de três anos. Os múltiplos tabiques que separarão os alunos depois dos dez anos do tronco comum, não visam sòmente perpetuar as divisões de classe; visam, sobretudo, dividir a massa dos estudantes ao nível ideológico (como, num outro domínio, a divisão normativa entre operários e empregados, à qual não corresponde diferença de salários notável, assim como as numerosas categorias no interior da mesma fábrica) e cortar as possibilidades de luta unitária. Sabe-se já que a separação das diversas escolas foi, muitas vezes, a causa da falta de unidade do Movimento Estudantil no secundário, e reduziu muitas lutas a revoltas corporativas de escola. Não haverá, com efeito, diferença fundamental entre os diversos tipos de escola que darão a formação de base; todos darão acesso à Universidade, e será bastante fácil mesmo, passar de uma escola para outra.

A qualificação — e, portanto, a selecção de classe — é transposta para os graus superiores.

Enquanto a «Lei Gui» previa três níveis universitários: diploma (2 anos de estudos), licenciatura (3 a 5 anos), doutoramento em investigação, o projecto Sullo prevê dois níveis: a licenciatura e o doutoramento, sendo a função actual do diploma assumida pela licenciatura.

Ao nível da formação dos professores, haverá dois tipos de licenciatura: licenciaturas de ensino do primeiro grau e licenciaturas para ensinar nos liceus. Para todas as outras profissões haverá igualmente dois níveis que permitirão distinguir as profissões «de massa», das profissões «especializadas» e «de direcção».

Em resumo, os pontos principais da reestruturação da escola secundária superior e da Universidade, são:

A. — Difusão quantitativa do ensino de massa

Escola obrigatória até à idade dos dezasseis anos, pré-salário cada vez mais frequente para os estudantes universitários.

Isso significa: por um lado, adaptação da escola ao desenvolvimento capitalista (necessidade duma formação de base antes da entrada no processo de produção); por outro lado, tentativa de controlar o desemprego e prevenir as explosões que se correria o risco de provocar. A emigração, com efeito, não basta para isso, principalmente porque é preciso ter já uma qualificação para encontrar trabalho num outro país do Mercado Comum. Isso significa, enfim, que todos os jovens, a partir da pré-primária (cujos efectivos deveriam passar de 30% em 1967 para 80% em 1980), passando pelo ciclo elementar e escola média, até ao «ciclo complementar da escola obrigatória» [1], serão condicionados sistemática e massivamente de maneira a fazer-lhes aceitar os valores das classes dominantes.

Encontra-se na província das Marche um exemplo evidente de controlo do desemprego pela escola: viu-se aí, nestes últimos anos, encher-se desmesuradamente o sector escolar; multiplicaram-se as mais diversas espécies de escolas superiores e muitos pré-salários foram atribuídos. A Universidade de Urbino tem a maior proporção de filhos de operários de Itália. Quis-se dessa maneira controlar e prevenir a explosão de lutas que teria provocado o aumento do desemprego, causado pela reestruturação capitalista (crise de pequenas e médias empresas; despovoamento das regiões dos vales; grande êxodo rural).

B. — Qualificação transferida para os graus superiores

Uma selecção segundo o «mérito» é uma selecção de classe. Por exemplo, a atribuição de pré-salários será mais restrita a níveis universitários superiores, o que excluirá do «doutoramento

---

[1] Na Itália, a escola primária compreende cinco anos, a escola média três anos; o «ciclo complementar» será de dois anos.

de investigação» (correspondente à licenciatura
actual) um grande número de estudantes de origem
modesta. Por outro lado, os pré-salários permitirão
incitar os estudantes a alguns tipos de estudos,
com a exclusão de outros, os quais serão reservados
aos estudantes que não têm necessidade de pré-
-salário. Daqui, a «desqualificação» dos níveis
inferiores que é, na realidade, um novo tipo de
qualificação. As lutas de Novembro de 1969 dos
estudantes das escolas técnicas, essencialmente
centradas no problema da «desqualificação» do
diploma, apresentam, pois, uma ambiguidade fundamental: é que a pequena burguesia se recusa
a perder alguns dos seus privilégios no processo
de proletarização crescente a que está submetida.
Com efeito, o raciocínio que estava na base das
lutas de muitos estudantes, era: «tantos anos de
estudos para acabar operário, talvez mesmo na
Alemanha».

C. — Substituição da gestão burocrática e autoritária pela cogestão

Na escola primária e média, esta política exige
a abertura das relações escola-família e escola-
-bairro, e uma maior participação do corpo docente
nas decisões.

A propósito disto, o Conselho para o ensino
da câmara de Nápoles escreve: «A escola não é
senão o núcleo duma rede de relações sociais mais
vastas [...]. Os alunos e as suas associações fazem
parte dela; mas também, os órgãos de imprensa

locais, as associações sindicais, políticas, confessionais, culturais». Através das associações de famílias de alunos (o Conselho de Direcção dum «Círculo Didáctico» experimental de Nápoles compreende 7 professores das escolas primárias e 7 pais de alunos que frequentam estas escolas), cria-se a imagem do filho-aluno, através da qual se organiza a submissão ao sistema; por outro lado, pela intervenção educativa da escola na família, realiza-se a planificação inter-classes da cultura das classes dominantes, restringindo cada vez mais as margens da cultura proletária, entendida como consciência da luta de classes, assim como as margens das zonas culturais «atrasadas», em relação àquelas que são «avançadas» (ex. a concepção patriarcal da família).

Na escola secundária superior, a cogestão passa — depois da desmistificação do papel dos delegados de curso — pelas assembleias e frequentes «consultas» que o reitor e o professor têm com os leaders dos grupos políticos; e ainda pelo papel de tampão que assumem os professores de esquerda entre o autoritarismo central e a democracia de base. É à luz disto, que devemos ver a proposta dos Sindicatos de professores C. G. I. L. e C. I. S. L. para substituir o Reitor por um «coordenador» eleito pelos professores e delegados dos alunos e das famílias. A cogestão passa ainda pela substituição dos velhos métodos pedagógicos enciclopedistas-autoritários, por métodos fundados sobre o trabalho de grupo, que «partem das exigências dos alunos». Passa, enfim, pela maior liberdade conce-

dida aos promotores de excursões, bailes, projecções
de filmes, etc.; pela tolerância de mini-saias, barbas,
cigarros, relações entre raparigas e rapazes, etc.,
que representam um meio importante de desmassificação.

Na Universidade, a cogestão passa pelos órgãos
(previstos pelo projecto Sullo 3) formados por
todos os componentes universitários. Mas eles
estão, de facto, privados de todo o poder real:
é o Conselho Nacional Universitário, subordinado
à planificação económica, que detém todo o poder.
A cogestão na Universidade é claramente o reflexo
mistificador, a nível ideológico, da «cogestão»
real da Universidade por todas as forças do capitalismo avançado.

D. — A Nova Pedagogia

O ensino tradicional, resultado da Reforma
Gentile (1923), tinha por função transmitir os
valores espirituais e seleccionar «os mais dotados»,
para os conduzir em seguida para a instrução
superior e funções dirigentes, enquanto os «medíocres» e os «indisciplinados» deviam ser dirigidos
para estudos de ordem inferior e para o trabalho.
O professor realizava, pois, a selecção de classe
através do autoritarismo cultural e pedagógico.
Aos filhos dos burgueses, ele ensinava a fidelidade
ao mundo dos seus pais através da religião dos
valores espirituais; aos filhos dos proletários, ele
ensinava a obediência aos valores estabelecidos,
através do mito do trabalho. Em 1967, um reitor

de Turim respondeu aos estudantes, que lutavam pela redução dos horário pesado do Instituto Técnico Industrial, que este horário era necessário para que os jovens se habituassem desde a escola ao horário da fábrica.

A nova pedagogia pretende, pelo contrário, partir das exigências do aluno e da sociedade concreta em que ele vive: por um lado, procura fazer interiorizar conteúdos metodológicos—imparcialidade, objectividade, valor científico —; por outro lado, procura difundir massivamente a ideologia dominante dos *mass media*, de modo que o aluno fique conforme à imagem que nele reflectiram.

Os principais aspectos da nova pedagogia são:

1.º O trabalho de grupo, destinado a fazer interiorizar a colaboração social. É também o reflexo ideológico do trabalho de grupo que é a planificação económica. Assim como a competição escolar correspondia ao empresário de tipo antigo, assim a investigação em comum corresponde hoje à planificação económica.

2.º A própria investigação que, por um lado, permite adquirir a elasticidade requerida pelas contínuas mudanças tecnológicas; e, por outro, substitui as noções e as estruturas mentais que vão caducando por uma capacidade de actualização contínua. Através do mito do «científico», tende a tirar à cultura todo o seu conteúdo de classe.

Enfim, dá a ilusão de participar nesta verdadeira investigação pura que é reservada a alguns eleitos (nas universidades e em alguns institutos de investigação privados), enquanto a «verdadeira» investigação está cada vez mais submetida aos interesses capitalísticos, quer dizer, é «aplicada».

3.º Novos critérios de avaliação, por exemplo, a substituição das notas por «apreciações». Enquanto a nota, por sua própria natureza, é de aceitar ou rejeitar em bloco, a apreciação representa um poderoso meio de condicionamento.

4.º Substituição das relações autoritárias entre professores e alunos por relações amigáveis do tipo das que existem nos «colégios» americanos, em que professores e alunos jogam a bola juntos.

5.º Novas disciplinas são introduzidas na escola: a psicologia e a sociologia; de maneira directa, pela imagem da assistente social e do psicólogo, e indirecta, pelo papel que estas disciplinas têm na formação dos professores e numerosos quadros superiores de empresa, sendo a sua função homogeneizar os níveis culturais escola-sociedade e dissimular a existência da luta de classes.

A psicologia tem um poder particular na escola primária e na escola média, onde permite decidir quais os «desadaptados» e «atrasados mentais» que serão enviados para as turmas «especiais» (chamadas também «diferenciais», na Itália). A velha atitude que se exprimia em expressões como «vàdios, sub-proletários, vagabundos, delinquentes, ide trabalhar» é, agora, substituída pelas expressões subtilmente mistificadoras da linguagem psicológica.

6.º A escola deixa de ser uma caserna para se tornar uma «comunidade de vida» graças ao tempo pleno (frequência da escola de manhã e de tarde, e não só de manhã), e graças à criação de blocos universitários com cantinas, bibliotecas, alojamentos para estudantes, etc., mas construídos longe das cidades (o que faz com que os estudantes vivam à margem dos problemas reais da sociedade, em ghettos) e fragmentando as diversas faculdades para quebrar a luta política dos estudantes.

7.º Novos programas liberalizados: *a*) muitas matérias serão de opção. *b*) Serão todas menos obrigatórias que agora e deixarão mais liberdade no estudo; o estudo estará essencialmente centrado na história das ideias, em conjuntos de problemas, centros de interesse (como o colonialismo, emancipação da mulher, classes sociais, terceiro mundo, etc.) e não em noções enciclopédicas. Quanto aos conteúdos educativos, a Europa, o terceiro-mundo, a auto-persuasão, a participação terão tendência a substituir a italianidade (Dante, Roma, Manzoni e Garibaldi), assim como a caridade, a obediência, a hierarquia, a competição.

Em resumo, a Escola tende a tornar-se uma gigantesca máquina que, por um lado, se reproduzirá por si (uma parte dos estudantes tornar-se-ão professores primários, liceais, monitores de actividades de tempos livres, psicólogos, assistentes sociais, empregados das administrações...) e, por outro lado, produzirá perfeitos «cidadãos do mundo» segundo o modelo kennediano e que se esforçam, em situações de conflito hàbilmente reconstituídas, por edificar a sociedade pluralista.

No entanto, o exame das contradições do sistema permitir-nos-á detectar os pontos fracos desta máquina.

II. — Análise das contradições

As principais contradições da Escola são:

a) Contradição entre a esperança de promoção social dos estudantes e dos seus pais, graças aos títulos obtidos, e a impossibilidade em que se encontra o sistema de produção de satisfazer estas esperanças. Na situação actual, com efeito, os estudos inferiores representam cada vez mais uma condição para obter um emprego assalariado. Como Marx tinha previsto, nos «Grundrisse», o capital tende a reduzir cada vez mais o domínio das aptidões individuais: «O princípio desenvolvido pelo capital consiste precisamente em tornar supérfluo o trabalho manual, o trabalho físico imediato em geral, tanto o trabalho que requer habilidade como o trabalho muscular, e a transferir antes a habilidade para as forças naturais inertes».

Na fábrica, propaga-se a figura do «polivalente», que não tem necessidade de estar particularmente qualificado numa dada profissão, mas deve ter essa «elasticidade mental» que lhe confere a escola (é a sua tarefa fundamental) e que lhe permite adaptar-se, seguindo cursos na própria fábrica, a constantes mudanças tecnológicas.

E assistimos à desqualificação de papéis sociais determinados, que correspondem aos diplomas, superdiplomas, licenciaturas, distribuídos em massa, porque a oferta de funções alta e mèdiamente qualificadas é, em muito, inferior à procura. Quer dizer que muitos papéis técnico-profissionais sofrem aquele processo descrito por Marx a propósito do trabalho físico e manual.

Esta contradição fará explodir muitas lutas estudantis de massa que se basearão muitas vezes em objectivos e móbeis pequeno-burgueses, com os quais, é preciso não esquecer, se misturam também forças fascistas; por outro lado — e é neste sentido que se deverá desenrolar o trabalho político dos militantes — ela permitirá tomar consciência de que:

1.º A promoção social não está tão ligada à aquisição de conhecimentos técnicos e profissionais como ao grau de adesão ou de cumplicidade para com o sistema. Encontra-se a este propósito um testemunho eloquente, no livro *I Lavoratori Studenti* (Einaudi, 1969), de um operário da Fiat, que obteve o seu diploma depois de ter seguido cursos nocturnos, e que foi convidado a pedir promoção dentro da empresa; diz ele: «Comecei por dizer sim, durante uma, duas, três semanas; mas eu nunca apresentei o meu pedido, porque não queria apresentá-lo, pois considero que é uma traição *obter um diploma, tomar conhecimento de alguns problemas para aceitar finalmente fazer de polícia* [...]. Porque é exactamente isso, o trabalho do contra-mestre, do chefe de secção, diga-se o que se quiser. É a pura verdade, basta falar nisso, com qualquer pessoa do meio operário: E foi por isso que eu recusei várias vezes».

2.º A escola tende cada vez mais a tornar-se um gigantesco «parque infantil», em que se encerra esta mão de obra que não pode imediatamente ser lançada no processo produtivo. A escola tende, pois, cada vez mais a ser uma *não-escola:* pensamos, quanto a nós, que a escola — como o viram bem Marx-Engels e camaradas chineses — deve ser inteiramente restituída ao próprio seio do processo produtivo.

b) Contradição entre as perspectivas ideológicas unificantes que as classes dominantes exigem, e as dificuldades crescentes que elas encontram neste domínio. Os «ideais» de 1789 e os de 1848, que permitiram à burguesia combater o proletariado sob a sua bandeira, tiveram um alcance muito diferente do do modelo de sociedade pluralista que tende a ser hoje a ideologia do capitalismo avançado. Nos nossos dias, a dominação de classe e a realidade brutal da lei do lucro tornam-se cada vez mais patentes. Nos Estados-Unidos, por exemplo, o mito da ajuda ao Terceiro-Mundo não conseguiu esconder a realidade do genocídio imperialista no Vietnam; e o mito da neutralidade e da pureza da ciência deixa transparecer o verdadeiro fundamento dos valores científicos, que é mercantilista; da mesma maneira, assiste-se à comercialização completa da literatura e das artes. A nova burguesia procura responder à «crise dos valores» da velha burguesia, com um «pluralismo de valores» que coexistem pacificamente, ou estão sujeitos a conflitos esporádicos e sempre controláveis.

Encontra-se aí a fraqueza da ideologia actual do capitalismo avançado, mas encontra-se também aí a sua força: é tarefa dos militantes, desmascarar as características de classe do modelo unificador.

Este pluralismo de valores concretiza-se na inquietação e desorientação sempre crescentes dos estudantes, que não sabem muito bem o que lhes ensinam e por quê, que já não têm modelos com que se possam identificar ou que possam rejeitar: diante deles sucedem-se professores com ideologias e métodos pedagógicos, os mais diversos; esta desorientação manifesta-se mais durante os períodos de liberalização (isto é, de reestruturação da escola) do que durante os períodos de «ajustamento» que se seguem inevitàvelmente.

A contradição atinge ainda a figura social do professor, que não é já o «missionário» da época liberal, nem mesmo o funcionário despersonalizado duma instituição burocrática e autoritária (como depois da Reforma Gentile); presentemente, segundo o modelo pluralista, é ele que está encarregado de transmitir este novo modelo, o que implica paradoxalmente *a obrigação da liberdade* pedagógica e da experimentação, à qual não corresponde uma preparação pedagógica, técnica e ideológica apropriada; a concepção pluralista implica a coexistência mais ou menos pacífica de diferentes valores, concepções, ideologias, o que faz com que a «disciplina» revele cada vez mais os seus aspectos penitenciários; quando o professor não mantém a disciplina, a falta de interesse dos estudantes revela-lhe a inutilidade de tudo o que ele aprendeu e o desmoronar-se da sua razão de ser profissional.

c) Contradição entre capitalismo reaccionário e capitalismo avançado, na capacidade de o poder político realizar a escolarização de massa quantitativamente (o que implica um aumento enorme das despesas em favor da instrução) e qualitativamente (para fazer da escola o lugar de transmissão da ideologia da «sociedade pluralista»). Pensamos, por exemplo, na quantidade de crianças que hoje ainda estão excluídas da escola obrigatória, sobretudo no Sul. Pensamos na falta de preparação e na resistência dos professores e dos quadros administrativos ao modelo pluralista que devem transmitir, modelo à base do qual os sindicatos do Ensino tentam reuni-los e organizá-los.

Esta contradição deixa prever uma intensificação das lutas estudantis, com uma participação crescente dos professores. Não se deve, com efeito, sub-estimar o facto de que muitos professores tenham sido marcados pela sua participação no Movimento Estudantil.

III. — Propostas de Trabalho Político

Somos francamente contra a «reconstrução» do Movimento Estudantil, que não possa reduzir-se senão a uma organização «para-sindical» dos estudantes (e tal é na realidade a linha actual do P. C. I.) ou à pretensão de se auto-proclamar vanguarda e direcção do proletariado, na base duma apropriação

ilegítima de certos níveis de consciência anti-
-capitalista atingidos por alguns estudantes.

Segundo as indicações do documento político do «Centro di Coordinamento Campano» sobre a atitude a ter perante toda a luta de carácter reivindicativo, «[...] nós apoiaremos toda a luta parcial e faremos tudo para fazer dela uma ocasião de crescimento político e de unidade do proletariado, mas apontando ao mesmo tempo os seus limites e impedindo com todas as nossas forças que se difundam ilusões e mistificações quanto aos seus resultados». Tal é também a nossa atitude para com as lutas estudantis.

Não temos, por conseguinte, objectivos específicos nem gerais a propor para estas lutas. Todo o objectivo parcial é, em si, reformista. Baseando-se nestas primeiras análises e em particular sobre as contradições que se sublinharam, e tendo em conta as situações *específicas* em que se encontram, os militantes terão de atentar em:

a) evitar propor objectivos «exteriores» à consciência das massas;

b) fazer um trabalho de clarificação política quando a perturbação das massas se exprime em termos pequeno-burgueses ou burgueses (como no curso destes últimos meses: luta contra a desqualificação, luta contra a «escola fácil»);

c) propor, *caso por caso*, as palavras de ordem justas que tenham em conta:

1.º as contradições objectivas,

2.º o nível de consciência das massas estudantis.

Quer dizer: é preciso fazer por que as contradições objectivas se tornem consciência geral de massa, se tornem subjectivas, e por que muitas contradições subjectivas percebidas pelas massas — as quais, frequentemente, não correspondem senão a um *reflexo* da contradição objectiva — façam um salto qualitativo, tornando-se consciência subjectiva de contradições objectivas.

Para lá chegar, é preciso que haja, entre o nível de consciência das massas e o nível de consciência da vanguarda, uma relação dialéctica: se esta só tem em conta as contradições objectivas e não o nível de consciência real destas contradições, foge para diante e separa-se das massas; se, pelo contrário, só tem em conta o nível de consciência subjectiva das massas, sendo esse o único ponto de partida, arrisca-se a não lutar senão por objectivos pequeno-burgueses e reformistas, e não socialistas e anti-capitalistas.

Quanto à primeira contradição (entre expectativas sociais e saídas reais dos diplomados) é necessário:

a) fazer uma análise de classe dos estudantes nos diferentes tipos de estabelecimentos e faculdades universitárias;

b) analisar a relação entre a estratificação social da força de trabalho no processo de produção e a organização do ensino (em particular sob o ângulo da selecção que se manifesta, tanto na repartição dos estudantes entre os diversos tipos de estabelecimentos e de faculdades como na filtragem realizada pelas notas e exames);

c) aprofundar a relação entre mutação tecnológica do capitalismo e escolaridade generalizada.

Quanto à segunda contradição (entre o objectivo da unificação ideológica e o reflexo na escola do despotismo capitalista) é necessário:

a) analisar mais a fundo a ideologia do capitalismo avançado, particularmente o modelo da sociedade pluralista;

b) examinar a relação entre a ideologia pluralista na escola, a cogestão e o «capitalismo popular» (possibilidade de os operários terem acções) na fábrica; aprofundar a questão actual dos delegados de secção e dos Comités Unitários de base como terreno de afrontamento com os revisionistas.

Enfim, quanto à terceira contradição (entre exigências dos grupos capitalistas progressistas e reaccionários) é preciso:

a) analisar *localmente* as contradições entre capitalismo avançado e conservador na escola, em geral, e nos institutos técnico-profissionais, em particular;

b) estabelecer uma relação entre os modos como a contradição capitalismo avançado/capitalismo conservador se manifesta ao nível da escola e ao nível da produção (por exemplo: relação entre a falta de salas de aulas/métodos autoritários reaccionários/trabalho de menores e sobre-exploração dos operários).

Os militantes organizarão reuniões de investigação sobre estes problemas com os estudantes dos diferentes estabelecimentos, tanto durante os períodos de luta aberta como durante os períodos de retrocesso; não se apresentarão para dar directivas, mas como camaradas que encorajam um trabalho de investigação e que trabalham segundo a linha das *massas para as massas*. Não se preocuparão só com os níveis de consciência elevados que encontrarem (limitando-se assim a não fazer um trabalho político senão com uma minoria); mas terão também em conta níveis de consciência mais baixos, porque esta atitude é a única que permite evitar todo o triunfalismo e todo o sectarismo.

Centro di Coordinamento Campano

II

BREVE ANÁLISE DA ESCOLA

BALANÇO DAS LUTAS DOS ANOS 1968-1969

Na Itália, o «movimento estudantil» nasceu na esteira das lutas operárias dos anos 1960, para combater a tentativa burguesa de integrar uma parte muito importante do proletariado industrial. A explosão das lutas estudantis não marcou o princípio duma nova fase da luta de classes, mas um momento do seu desenvolvimento, do seu aprofundamento, da sua radicalização: o «movimento estudantil» alargou o terreno de luta, rompendo o equilíbrio político da sociedade italiana e afirmando a exigência de uma frente anti-capitalista.

O ano de 1968 viu novas camadas sociais juntar-se massivamente a um ciclo da luta que começou por volta de 1960. As lutas estudantis dos anos 1967-1968 foram o primeiro rebentar da longa crise das «classes médias», uma reacção à deterioração da situação social e política destas classes. E não nos referimos aqui sòmente aos «colarinhos brancos», mas também a importantes camadas de funcionários (os professores, por exemplo), aos investigadores, aos jovens intelectuais, às camadas da classe média tradicional. As lutas estudantis explodiram, pois, num momento em que a ideologia reformista e a «racionalização» capitalista se iam afundando, depois de terem avivado o entusiasmo pelo Centro-Esquerda duma grande parte da classe média. Os estudantes dirigiram-se contra o Estado, conscientes de que a escola — a Universidade sobretudo — não podia ser um meio de promoção social no momento em que a contestação operária trazia à luz as contradições internas do Centro-Esquerda.

Só desta maneira é possível compreender que um movimento de massa entre os estudantes só tenha surgido em 1967-1968, precisamente quando a crise da escola já durava há anos. É só neste esquema: desenvolvimento do capitalismo — crise das classes médias; crise da escola como instrumento de promoção social e de hegemonia burguesa; desclassificação de muitas camadas de diplomados universitários, ou de escolas superiores, etc., — que podemos reconhecer as massas estudantis como um aliado *histórico* do proletariado: quer dizer, não ver a aliança dos estudantes e dos operários como o produto duma conjuntura favorável, mas como um dado permanente em que se pode basear uma elaboração estratégica. O carácter *histórico* desta aliança deriva, em suma, da subordinação do corpo estudantil aos custos sociais impostos pelas leis do desenvolvimento capitalista. Devemos também notar um ponto de grande importância e ao qual voltaremos ainda: o «movimento estudantil» não nasceu espontâneamente; pôde organizar-se à volta de vanguardas políticas geradas pelo movimento operário durante os anos da resistência cubana ao imperialismo americano, durante os anos do desenvolvimento obstinado da guerra do povo vietnamiano, durante os anos da Revolução cultural, da crise da coexistência pacífica. Estas vanguardas tinham-se formado procurando salvaguardar a autonomia política do proletariado face às seduções da integração, graças a uma estratégia de substituição a opôr ao reformismo (isto é, à subordinação da classe operária às leis de desenvolvimento capitalista, sancionadas de facto pela estratégia do P. C. I. e da C. G. I. L.).

Os estudantes não podiam formar uma direcção revolucionária: não constituem uma classe e não são o sujeito histórico da revolução socialista. É-lhes necessário, no entanto, dispor duma *direcção política*, cuja tarefa institucional é definir, no interior da própria escola, objectivos e acções capazes de integrar os estudantes na frente anti-capitalista no seu conjunto. Na ausência duma tal direcção política, na ausência dum bloco de forças sociais que, ligadas à classe operária, prossigam a gestão socialista dos meios de produção, as lutas estudantis estão votadas ao corporativismo ou à revolta desesperada contra o poder do Estado.

Tais são, em resumo, os ensinamentos que se podem tirar da experiência dos anos 1968-1969.

A crise das «camadas médias» deve-se, principalmente, à proletarização dos técnicos inferiores e dos empregados, à crescente precaridade das condições de vida e de emprego dos funcionários de todas as categorias, ao cepticismo crescente em face dos mitos de promoção social. Esta crise traduziu-se numa aproximação das «camadas médias» e do proletariado durante o «outono quente». Mas esta aproximação permaneceu «espontânea»; nenhuma força política revolucionária, proletária, foi capaz de impulsionar estas camadas a passar do simples apoio à classe operária, à construção da frente anti-capitalista.

Constatámos a ausência de toda a estratégia com vista à construção de «movimentos políticos da massa» e capaz de:

1.º ultrapassar as divisões profundas provocadas pelo capitalismo na estrutura social e no seio da própria classe operária;

2.º enfrentar o problema das alianças sociais do proletariado e portanto o problema da *ruptura revolucionária* do Estado burguês. A cisão entre Norte e Sul, entre desempregados e não-desempregados, entre sectores atrasados e sectores avançados, etc., não pode ser ultrapassada por uma simples tomada da posição estratégica. A única estratégia capaz de resolver os problemas complexos da revolução socialista é a da frente anti-capitalista, a da reorganização da classe operária e das alianças sociais.

O «movimento estudantil» só pode sobreviver e afirmar-se, se se entregar às seguintes tarefas: definir na prática objectivos de poder no seio da Escola e criar estruturas autónomas de massa que sejam a sua expressão organizada; unificar vertical e horizontalmente a frente estudantil em função da frente anti-capitalista. Depois de dois anos de luta, se é verdade que as contradições ao nível da escola não mudaram, a incapacidade do «movimento estudantil» e das suas direcções políticas, de construir uma estratégia que ultrapasse o espontaneísmo e responda positivamente aos problemas do poder e da unificação, permitiu já à burguesia administrar, através de medidas parciais (reforma dos exames, liberalização dos planos de estudos), esta fase da crise, esperando dar às contradições internas da escola uma solução capitalista mais completa. Se todas as camadas sociais estudantis não foram ainda reconquistadas pela burguesia, a iniciativa pertence, com toda a evidência, ao capitalismo. (O carácter cada vez mais marginal dos grupos revolucionários é um efeito e não uma causa disso).

O «movimento estudantil» nunca encontrou resposta orgânica à *necessidade de concretizar* a recusa da Escola e do seu papel através de algumas conquistas reais dos estudantes. Em período «quente», esta necessidade foi considerada como uma exigência reformista e corporativa; nos momentos de refluxo e de retomada, pelo contrário, os leaders do movimento fixaram-se nas exigências materiais dos estudantes tais como elas se exprimiam espontânea e *imediatamente*, caindo assim na armadilha do corporativismo e da divisão. O «movimento estudantil» não cessou de oscilar entre a acção política e a acção reivindicativa; entre a contestação global da Escola e da Sociedade e a luta corporativa contra alguns aspectos autoritários e opressivos da instituição escolar; entre a luta directa contra o Estado e uma luta limitada no meio escolar, contra as autoridades académicas.

Esta contradição aparente reflectia duas exigências reais: por um lado, a vontade de agudizar as contradições sociais pondo em crise as instituições políticas (governo, parlamento, reformismo); por outro lado, a consciência de que, para reforçar a luta, era preciso ocupar-se das necessidades materiais e reais de todos os estudantes. A ausência de estratégia política geral capaz de relacionar com a luta de classes as exigências sociais e políticas das camadas estudantis, teve como consequência que o «movimento estudantil» se tornou incapaz de unificar o momento social e o momento político, quer ele se considere, ora como o detonador duma luta social generalizada, ora como um destacamento da vanguarda da frente anti-capitalista, ora como uma entidade social cujas reivindicações têm que ter uma resposta imediata, quer estas diversas concepções se misturem continuamente no seio de direcções políticas heterogéneas.

As acções mais dignas de nota do «movimento estudantil» tinham todas um carácter unificador:

1.º A luta anti-imperialista (contra a presença de Nixon), apesar dos seus aspectos positivos, não representou senão um momento de unificação fortuita das consciências, mas foi incapaz de se ultrapassar em direcção a uma luta contra a burguesia ou de criar uma plataforma de aliança com as outras forças sociais;

2.º A luta generalizada contra a Escola, num campo completamente exterior à instituição escolar (contra o lock-out, contra a reforma), foi fundamentalmente defensiva e tomou por vezes formas violentas (defesa do espaço político e físico, defesa contra a tentativa burguesa de resolver as contradições da escola em proveito do capitalismo);

3.º A luta sobre questões internas da Escola (Faculdades científicas, escola normal, luta das escolas secundárias pelo direito de assembleia, etc.) não permitiu senão uma unificação parcial e sobre temas puramente reivindicativos;

4.º A luta no campo social teve diversos aspectos: *a*) a luta contra a repressão, que por vezes permitiu unificar todos os estudantes e uni-los, pelo menos, através de manifestações de solidariedade, às outras forças sociais. Sem uma estratégia ofensiva, este género de luta acabava por enfraquecer, caía na lógica da luta pela luta e era finalmente recuperado pelo reformismo político; *b*) a acção de apoio às lutas operárias foi fruto de compromissos entre os diversos grupos minoritários e nunca expremiu exigências sociais. (Por vezes, permitiu fazer pressão sobre o sindicato ou lutar contra ele, ou afirmar uma vontade revolucionária subjectiva, sem perspectivas).

Alguns momentos mais interessantes e construtivos do encontro entre estudantes e classe operária (estudantes das escolas técnicas, por exemplo, ver mais abaixo) terminaram pelo isolamento dos referidos estudantes e pela incapacidade de pesar realmente nas lutas operárias.

Para analisar a fundo os problemas estratégicos não resolvidos pelo movimento, a saber, sobretudo, o problema da frente anti-capitalista, é preciso que tentemos compreender melhor o papel que a *Escola* desempenha na sociedade capitalista e a natureza da *condição de estudante*.

A escola é um instrumento de formação: *a*) duma *mão-de-obra qualificada* e *b*) de *quadros qualificados*, incluindo os quadros do aparelho de Estado (professores, empregados, burocratas e técnicos dos ministérios, quadros políticos pròpriamente ditos), os quadros técnicos superiores das empresas, os dirigentes de empresas, as profissões liberais, etc.

A Escola tende, pois, a reproduzir pela formação e selecção, a divisão capitalista do trabalho. Por outro lado, a Escola é *um* dos instrumentos que permitem à burguesia assegurar a hegemonia cultural e ideológica sobre as camadas intermédias e sobre a futura classe operária, pela promoção social e pela prática da «meritocracia», pelo mito do saber científico e do seu papel progressista, etc. Esta hegemonia significa que os estudantes estão separados da classe operária, mas também que eles estão divididos entre si, e, por conseguinte, que todas as exigências de luta estão reduzidas a objectivos corporativos, dentro da própria lógica do sistema capitalista.

Esta dupla função da Escola é garantida pelo Estado: a Escola é um serviço público da sociedade capitalista e *não um apêndice do aparelho de produção*. Isso significa que a gestão da Escola

pelo Estado é sempre uma gestão *política*, isto é,
que as opções que determinam a estrutura, os
programas, o desenvolvimento, a orientação dos
diversos sectores da instrução dependem das opções
políticas da burguesia, tanto no campo da política
económica (e, portanto, do desenvolvimento capitalista nacional) como no das alianças sociais.

Se a escola está ligada à reprodução da sociedade capitalista no seu conjunto, se ela é o instrumento essencial da reprodução da divisão capitalista do trabalho, os estudantes constituem um
corpo social heterogéneo, tanto pela sua origem
como por aquilo a que se destinam; eles não são
directamente explorados, são destinados só em
parte a entrar na fábrica e a ser integrados no
processo produtivo como classe operária. No
entanto, em razão da função da Escola, podem
nascer aí contradições sociais agudas e pôr em
crise a hegemonia burguesa.

A contradição fundamental opõe o interesse
geral, a política do Estado e as exigências dos
diferentes sectores produtivos. Traduz-se, em
primeiro lugar, pelo desemprego — ou o sub-
-emprego intelectual — de vastas camadas de estudantes, quando a oferta de trabalhadores ou de
quadros qualificados não corresponde ao desenvolvimento *anárquico*, *não planificado*, do mercado do
trabalho. As contradições do processo de acumu-
lação do capital podem assim pôr em crise a estratégia de desenvolvimento que permitia a hegemonia burguesa sobre as camadas intermédias. Os

sinais desta contradição são, entre outros, a crise
da ideologia da programação, ligada à crise do
Centro-Esquerda, e o facto de que a Universidade
perdeu o seu papel de promoção social para a
pequena e média burguesia, e perderá cada vez
mais este papel em razão da política praticada
pelo Estado.

Tal é o campo fundamental das contradições
Escola-sociedade.

INSTITUTOS TÉCNICOS
E INSTITUTOS PROFISSIONAIS

Nas escolas secundárias, as duas funções da
Escola estão *visìvelmente separadas*: dum lado, os
institutos profissionais, que têm por fim único a
formação de operários qualificados, e os institutos
técnicos que, no conjunto, formam sobretudo
técnicos subalternos de produção; doutro lado,
os liceus que não dão nenhuma qualificação profissional, mas preparam simplesmente para o grau
superior de instrução e de qualificação: a Universidade. Esta divisão das escolas secundárias significa
claramente a divisão dos alunos do ensino secundário, em geral; a tarefa para o movimento revolucionário é, então, dupla: por um lado, trata-se
de diferenciar as plataformas do movimento anti-
-capitalista na escola secundária; por outro, trata-se
de unificar os alunos destas escolas, de ligar as
lutas dos estudantes técnicos às dos liceais. Os
institutos técnicos não são senão o grau mais

elevado das escolas de aprendizagem; estas compreendem: os cursos para aprendizes, cursos de formação profissional para jovens desempregados ou jovens à procura dum primeiro emprego, e os institutos profissionais. Embora estes diversos tipos de cursos dêem níveis de qualificação diferentes, o ponto essencial é que os jovens, que os frequentam, suportam as mesmas contradições fundamentais do desenvolvimento capitalista e que o objectivo estratégico, que vise unificar todos estes estudantes, tem uma base real na situação social destas camadas.

Com efeito, estão todas expostas às flutuações do mercado do trabalho; dependem dos patrões que continuam livres em empregar (e portanto pagar) o trabalhador, não segundo a sua qualificação, mas segundo as exigências da produção, sobre as quais o trabalhador não tem nenhum controlo. O aprendiz, por exemplo, não tem garantias de se qualificar: com efeito, os anos de aprendizagem podem não levar à qualificação e, aliás, os aprendizes mudam muito frequentemente de emprego, sobretudo na pequena e média indústria.

Além disso, o jóvem trabalhador ou o aprendiz qualificados não têm garantias de encontrar um emprego correspondente à sua qualificação. É, aliás, o mesmo problema que se põe aos estudantes das escolas técnicas: ao número de inscritos nos I. T. I. (Institutos técnicos industriais) não corresponde uma procura equivalente no mercado do trabalho; técnicos diplomados são, por isso, votados ao desemprego ou ao emprego sub-qualificado.

às exigências do desenvolvimento capitalista, limitando a liberdade de gestão do capitalismo e do Estado, criando organismos unitários operários--estudantes como primeiros embriões de órgãos do poder da frente e, enfim, conduzindo a luta contra capitalistas bem determinados e contra o Estado (a fim de unificar as diversas camadas de estudantes, os operários desempregados e os que têm um emprego, os operários que pertencem a diversos sectores, a diferentes zonas, etc.).

Criar um movimento de massa na Escola sobre o tema do controlo, em particular nas escolas técnicas e profissionais, não constitui senão o primeiro passo deste processo. A mobilização dos estudantes das escolas técnicas e profissionais sobre o tema do controlo do mercado do trabalho, das qualificações e da formação profissional, deve pôr, imediatamente, ao nível das massas, o problema da relação destas camadas sociais entre si, assim como o da sua relação com os organismos pelos quais eles se unem à classe operária; é necessário, para isto, estabelecer uma relação concreta com os órgãos de representação operária de base, que existem já (delegados, comités de secção, etc.), empenhar a luta política contra as instituições oficiais do movimento operário propondo uma linha de luta de classes, e lutar contra a gestão capitalista, pelo Estado, da Escola, de maneira a unificar todos os estudantes, desde as escolas profissionais à Universidade. Não se trata, pois, de nos contentarmos com um controlo de tipo corporativo dos alunos das escolas técnicas, limitado a estas escolas, mas de criar um movimento que não pode avançar senão na medida em que a classe operária e todo o corpo estudantil estejam comprometidos nisso.

Este movimento só pode concretamente desenvolver-se: *a*) se a direcção política do «movimento estudantil» for reforçada, e *b*) se o processo de unificação das vanguardas revolucionárias se intensificar. Estas dois processos devem desenvolver-se simultâneamente.

Tentemos resumir: Antes de tudo, a luta anti-capitalista na Escola tem que ser centrada nos alunos das escolas técnicas e profissionais: estes são, com efeito, mais levados, devido à sua condição, a lutar contra a gestão capitalista da formação profissional e do mercado do trabalho; a sua luta é fundamental para realizar a unidade operários-estudantes. Dissémos, por outro lado, que uma luta contra a gestão da escola *pelo Estado* implica uma unificação de *todos* os sectores estudantis, das escolas profissionais às universidades.

É assim que se põe o problema da luta nos liceus, isto é, da unificação das lutas dos liceais e dos alunos das escolas técnicas e profissionais. Para encontrar um campo de luta política comum aos diversos componentes do corpo estudantil, é preciso uma luta «interior» na escola, levada a cabo sobre os temas da formação profissional e do mercado do trabalho.

Uma das características essenciais da escola é a separação entre liceais e estudantes das escolas técnicas e profissionais (incluindo os jovens que frequentam centros não escolares de formação profissional): esta cisão não deixa de se agravar em razão do carácter aberto e de massa, que a escola toma.

Uma maior mobilidade no interior das estruturas escolares não significa a eliminação da divisão vertical do corpo estudantil, mas uma maior flexibilidade das estruturas escolares em relação às exigências da sociedade capitalista no seu conjunto. A instauração eventual de um tronco comum de dois anos não significará de modo nenhum a eliminação da selecção. Sublinhemos, enfim, a propósito da reforma da escola secundária superior, que o carácter de massa, que há-de tomar a instrução, dará origem inevitàvelmente a uma ulterior divisão dos estudantes. Basta pensar na política governamental deste ano, tendente a reforçar o ensino profissional e, paralelamente, a assimilar escolas técnicas aos liceus (liberalização dos canais de acesso à universidade). A luta na escola deve ainda conduzir as pessoas contra a selecção e a divisão das estruturas da instrução; a batalha política contra a reforma deverá ser uma ocasião e uma etapa do processo de unificação do corpo estudantil. *Neste quadro*, formulamos a hipótese — e só a hipótese — da escola secundária superior unificada, como instrumento de unificação do corpo estudantil.

Estamos perfeitamente conscientes da ambiguidade desta proposta e podemos formular algumas objecções: em primeiro lugar, pode-se observar, que mesmo a sociedade socialista conhecerá uma divisão *técnica* do trabalho; a especialização profissional será necessária. Em seguida, uma luta que se limitasse à reivindicação do tronco comum para a escola secundária permaneceria corporativa. Mas nós só formulamos esta hipótese, subordinando-a a um projecto de luta mais vasto, que tem por fim acabar com a divisão institucional entre alunos dos liceus e alunos das escolas técnicas e profissionais, combater a gestão capitalista da formação profissional e do mercado do trabalho e lançar assim as bases da unidade entre operários e estudantes.

A batalha política pela escola secundária única, que é «interna» ao sector, pode, por si, sugerir concretamente os temas «externos» da formação e dos desempregados profissionais.

O que nós queremos aqui, não é solicitar a adesão a uma proposta, mas sublinhar a existência dum problema. A frente estudantil pode e deve unir-se, batendo-se nomeadamente pela transformação anti-capitalista da escola.

Concluindo: se não quisermos tornar a cair no espontaneísmo ou numa concepção autonomista dos movimentos de massa, que, na realidade, abandona a sua mediação e gestão políticas ao reformismo, devemos ver claramente que a defesa das conquistas do movimento, da sua autonomia, etc., depende da estratégia da frente anti-capitalista em que elas se inscrevam. A criação de centros políticos que saibam tornar-se órgãos de direcção política parcial ou geral dos movimentos de massa e que representem as exigências políticas de toda a frente anti-capitalista, é, pois, um *momento necessário* do mesmo modo que o trabalho de massa dentro do próprio movimento. Não se trata de constituir antecipadamente direcções políticas imaginárias, mas de reunir as forças revolucionárias em função duma retomada dos movimentos de massa.

Guido BOLAFFI, Marcello FLORES
Bruna INGRAO, Ugo RUFFOLO e
Franco RUSSO

III

DESESCOLARIZAR A SOCIEDADE *

Muitos estudantes, particularmente os estudantes pobres, sabem instintivamente o que a escola faz deles. A escola inculca-lhes a confusão entre *escolarização* e *educação*; — uma vez estabelecida esta confusão, vocês estão preparados para aceitar a lógica do sistema, segundo a qual um simples prolongamento da escolaridade daria uma melhor formação, e segundo a qual a promoção escolar conduziria à promoção e ao sucesso sociais. O aluno é condicionado, pela escola, a confundir o que se lhe ensina com o que ele aprende, a acreditar que transpondo as etapas escolares realiza a sua educação, a acreditar que os diplomas lhe dão competência e que o facto de se exprimir com facilidade

---

* Texto duma exposição feita em Maio de 1970, em Salzburg, integrada na Conferência Internacional sobre «Juventude e Desenvolvimento», sob o título de «o investimento da educação».

Ivan Illich dirige o C. I. D. O. C. (Centro internacional de documentação), A. P. D. O. 479, Cuernavaca, México, especializado, entre outras, na investigação pedagógica aplicada.

o torna capaz de dizer qualquer coisa de novo.
«Formam-no» de modo a ele tomar a aparência
pela realidade: confunde tratamento médico e
preservação da saúde, assistência social e melhoramento de vida da comunidade, polícia e segurança,
poder militar e segurança nacional, competição
desenfreada e trabalho produtivo. A saúde, o saber,
a dignidade, a independência e o esforço de criação
são identificados aos seus olhos com o funcionamento das instituições que pretendem servir estes
valores, e fazem-lhe acreditar que o seu aperfeiçoamento depende ùnicamente da quantidade de
dinheiro destinado aos hospitais, às escolas, e outras
instituições. Não só a educação, mas o conjunto
da realidade social encontram-se assim «escolarizados».

Através da «linguagem ritual» da escola e por
quantias quase idênticas, pobres e ricos são moldados na mesma fôrma.

É quase tão dispendioso, por ano, assegurar
a escolaridade dum aluno num bairro de casebres
ou em ricos arrabaldes residenciais; os estudos
feitos sobre vinte cidades americanas confirmam-no,
mostrando que a despesa é, por vezes, ligeiramente
maior para o aluno pobre ([1]).

([1]) Jackson, Penrose B.: «Tendências actuais das despesas consagradas ao ensino primário e secundário: Comparações respeitantes às cidades e seus arrabaldes entre 1965 e 1968».
(U. S. Office of Education, Office of Program Planning and Evaluation, Junho de 1969).

Os ricos, assim como os pobres, estão submetidos às escolas e aos hospitais que orientam a sua vida, modelam a sua visão do mundo e fixam os limites do que é legítimo e do que não o é. Uns e outros pensam que é imprudente cuidar de si próprio, que se aprende mal o que se aprende sòzinho e que toda a tentativa de organização comunitária que não é financiada pelas autoridades públicas não pode ser senão uma forma de agressão ou de subversão. Para uns como para os outros, os problemas devem ser regulados pelas instituições e toda a realização autónoma é suspeita. O sub-desenvolvimento progressivo da autonomia pessoal e comunitária é mais acusado em Westchester que no Nordeste do Brasil. Por toda a parte, não só a educação mas, mais geralmente, o conjunto da sociedade têm necessidade de ser *desescolarizados*.

As burocracias do Estado-providência exercem um monopólio profissional, político e financeiro sobre a imaginação social que fixa as normas do que é desejável, do que é admitido. Este monopólio está na raiz das formas modernas da pobreza. Cada vez que se encontram formas institucionais para responder a uma necessidade, cria-se, ao mesmo tempo, uma nova classe de pobres e uma nova dimensão da pobreza. Há dez anos, no México, era normal as pessoas morrerem em sua casa e serem enterradas pelos seus amigos. Só as necessidades da alma eram tomadas a cargo institucionalmente pela Igreja. Agora, morrer em casa tornou-se sinal, ou de pobreza ou de privilégio.

Tudo o que diz respeito à morte, antes e depois, foi submetido institucionalmente aos médicos e aos empresários de pompas fúnebres.

As formas modernas de pobreza não resultam necessàriamente de uma insuficiente responsabilização por parte da sociedade. Acontece naturalmente que elas estão ligadas a uma escolaridade mais curta ou defeituosa, mas acontece também que coincidem com o pôr em prática de meios importantes, como pode ser este o caso, por medida de compensação social, em bairros de casebres, prisões ou hospitais da Assistência pública. A pobreza, na hora actual, não resulta necessàriamente duma menor responsabilização, mas duma responsabilização diferente do normal e de resultados insuficientes. Um certificado que ateste que se frequentou, durante quatro anos, cursos de educação vigiada, é uma recomendação, pelo menos, duvidosa.

Os pobres são, desde sempre, socialmente impotentes. A sua dependência crescente das instituições dá à sua impotência uma nova dimensão: a impossibilidade de se defenderem por si próprios. Os camponeses da Cordilheira dos Andes são explorados pelo proprietário e pelo comerciante; logo que se instalam em Lima, dependem ainda do permanente local do Partido e encontram-se em dificuldades devido à sua falta de instrução. A modernização da pobreza reforça a impotência em face do mundo exterior, por uma perda de poder pessoal. Este é um fenómeno que afecta todos os países do mundo e que está na raiz do sub-desenvolvimento contemporâneo. Bem entendido, ele apresenta-se sob formas diferentes nos países ricos e nos países pobres. Foi provàvelmente nas grandes cidades dos Estados-Unidos que ele se fez sentir com mais acuidade. Em nenhum lado, se gastou mais dinheiro para «combater» a pobreza. E em nenhum outro lado a «luta» contra a pobreza provocou tanta dependência, cólera, frustação e reivindicações. Em nenhum outro lado é tão evidente que a pobreza, sob esta forma modernizada, se tenha tornado resistente ao tratamento pelo dólar e exija uma revolução institucional. Nos Estados-Unidos, actualmente, os Negros e mesmo os imigrantes podem beneficiar duma assistência social que teria sido impensável há cinquenta anos e que deixa estupefacta a maioria dos habitantes do terceiro-mundo. É assim, por exemplo, que os pobres dos Estados Unidos podem estar seguros de que uma assistência social conduzirá os seus filhos à escola até aos dezoito anos e de que, em caso de necessidade, um médico fá-los-á beneficiar duma hospitalização que importa em sessenta dólares por dia, ou seja, três meses de salário para a grande maioria da humanidade. Mas estas disposições não fazem senão agravar a sua dependência e a sua incapacidade para organizar, por eles próprios, a sua vida em função da sua própria experiência e dos recursos da sua própria comunidade.

Os pobres dos Estados-Unidos, estão em melhor situação do que ninguém para falar da ameaça que pesa sobre os pobres, num mundo em vias de modernização. Eles vão descobrindo que nenhuma quantia de dinheiro pode neutralizar a força de destruição das instituições de previdência social, a partir do momento em que as suas burocracias respectivas persuadiram a sociedade da necessidade dos seus serviços. Os pobres das grandes cidades dos Estados-Unidos podem testemunhar a inutilidade da legislação social numa sociedade «escolarizada».

Segundo a observação de William O. Douglas, juiz do Supremo Tribunal, «só há uma maneira de conservar uma instituição, é financiá-la». O inverso é igualmente verdadeiro. Não é senão desviando o dinheiro das instituições que pretendem tomar a seu cargo a saúde, educação e assistência sociais, que se poderá pôr termo ao processo de pauperização que estas instituições geram inevitàvelmente. Não se deve perder isso de vista, quando se apreciam os diversos programas de ajuda federal. Assim, por exemplo, mais de três biliões de dólares foram gastos, entre 1965 e 1968, para compensar as dificuldades escolares de seis milhões de crianças. Trata-se do programa de recuperação mais dispendioso que jamais se pôs em prática no domínio do ensino e, no entanto, não resultou daí nenhum melhoramento notável no aperfeiçoamento escolar destas crianças ditas «desfavorecidas». Em relação aos seus colegas saídos de famílias de rendimentos médios, o seu atraso escolar só aumentou. Ainda mais, enquanto o programa estava em curso, peritos descobriram dez milhões de crianças em dificuldades devido às suas condições familiares e escolares. Eis o que justificava, que se pedisse um aumento da ajuda federal.

Há três maneiras possíveis de explicar o mau êxito total do esforço empreendido para a educação dos pobres, apesar da importância dos meios que se puseram em prática:

1.º três biliões de dólares não bastam para elevar suficientemente o nível escolar de seis milhões de crianças;

2.º os fundos foram dispendidos incompetentemente; para obter resultados, são precisos programas escolares diferentes, uma melhor gestão, mais investigação e uma maior concentração das despesas sobre a própria criança;

3.º a educação escolar não permite compensar as desvantagens sociais das crianças desfavorecidas.

A primeira explicação é justa, visto que o dinheiro é atribuído ao orçamento das escolas. Certamente, os créditos são bem dirigidos para as escolas onde se encontravam muitas crianças desfavorecidas, mas não foram gastos só em favor destas crianças, que sòzinhas representavam cerca de metade dos seus efectivos. As escolas contentaram-se em acrescentar os fundos federais ao seu orçamento, e estes foram, pois, gastos na vigilância, doutrinamento, selecção dos alunos, todas elas funções que estão inextrincàvelmente confundidas ao nível dos locais, dos programas, dos professores, dos administradores e, portanto, do orçamento. Os suplementos de créditos permitiram sobre-compensar a «desvantagem» que constituía, para as crianças menos pobres, o facto de térem de frequentar a mesma escola que os pobres. No melhor dos casos, de cada dólar destinado a remediar uma dificuldade dum estudante pobre, só uma pequena fracção chegou efectivamente à criança, através do encarregado do orçamento da escola.

É igualmente possível que os fundos tenham sido dispendidos de maneira incompetente. Mas todas as competências do mundo são impotentes contra o sistema escolar. Pela sua própria estrutura, as escolas opõem uma resistência a toda a alternativa que vise privilegiar aqueles que são desfavorecidos de outro modo. Mas, se se estabelecem programas, turmas e horários especiais, não se faz senão acentuar a discriminação.

Os contribuintes não estão preparados para admitir que os serviços da Educação, da Saúde e da Previdência possam absorver três biliões de dólares, como se fossem o próprio Pentágono. O governo actual pode permitir-se provocar a irritação dos educadores. Se se suprime este programa, os ámericanos de rendimentos médios nada perderão com isso. Os pais de fracos recursos pensam que perderiam com isso, mas o que eles querem sobretudo é controlar o emprego deste dinheiro que é destinado aos seus filhos. Uma maneira lógica de reduzir o orçamento e, provàvelmente, melhorar a eficácia do programa, seria instituir um sistema de bolsas tal como o preconizam Milton Friedman e outros. Os fundos seriam atribuídos ao beneficiário, que poderia assim procurar por si a instrução à sua escolha.

Se os fundos assim concedidos só permitirem conseguir o género de instrução prevista nos programas escolares, não contribuirão em nada para uma maior igualdade social. Porque um ensino de qualidade igual não permite a uma criança pobre alcançar alguma vez uma criança rica, tal como uma viatura não pode alcançar uma outra com as mesmas qualidades, mas que partiu mais cedo. E, ainda que entre com a mesma idade, na mesma escola, a criança pobre ficará sempre privada de mil ocasiões de se desenvolver, de que beneficia, sem se aperceber disso, a criança de classes privilegiadas: conversação e biblioteca dos pais, viagens durante as férias, ideia que se faz de si mesma; todas estas vantagens jogam tão bem fora da escola como na escola. A criança pobre, por conseguinte, não pode senão recuperar o atraso, enquanto o seu desenvolvimento e instrução dependerem da escola. Os pobres têm necessidade de dinheiro para aprender, e não para que lhes assegurem que as suas pretensas «deficiências» foram tomadas em conta.

Tudo isto vale tanto para os países pobres como para os países ricos, mas as modalidades são diferentes. Nos países pobres, a modernização da pobreza afecta mais pessoas, de maneira mais visível, mas também — actualmente — de maneira mais profunda. Para dar um exemplo, dois terços de crianças da América Latina, deixam a escola antes de terem terminado o quinto ano, mas a sua maioria obtém melhor êxito que nos Estados Unidos.

Nos nossos dias, a maior parte dos países desembaraçaram-se das formas clássicas de pobreza, que eram estáveis e prejudicavam menos gravemente as suas vítimas. A maior parte dos países da América atingiram o estádio de arranque para o desenvolvimento económico e, por conseguinte, para a pobreza moderna: os seus cidadãos aprenderam a pensar como ricos e a viver como pobres. As suas leis prescrevem seis a dez anos de escolaridade obrigatória. Na Argentina, mas também no México, no Brasil, o cidadão médio define uma educação normal segundo as normas norte-americanas, sem se dar conta de que, de facto, uma ínfima minoria pode beneficiar duma escolaridade tão prolongada. Nestes países, quase toda a gente acredita no grande mito da escola: a escola inculcou-lhes um sentimento de inferioridade em relação a povos melhor escolarizados. O seu culto da escola permite que os explorem duplamente: permite destinar um orçamento crescente à instrução dum pequeno número e fazer aceitar à maioria a sua sujeição. Paradoxalmente, é nos países, onde a taxa de escolarização é mais baixa, que se crê mais firmemente na necessidade de escolarização universal. No entanto, na América Latina, a maior parte dos pais e dos filhos poderiam ainda conseguir a educação por vias diferentes. Embora a parte do produto nacional atribuído à escola seja proporcionalmente mais importante que nos países ricos, ela está longe de permitir quatro anos de escolaridade obrigatória. Fidel Castro fala como se quisesse desescolarizar a educação, quando promete que

em 1980 Cuba poderá fechar as suas universidades
uma vez que a vida cubana, toda ela será experiência
educativa. Todavia, no ensino primário e secundário, Cuba, como todos os outros países da
América Latina, age como se a passagem por uma
«idade escolar» devesse ser o fim incondicional
de cada um, cuja realização só seria retardada por
uma penúria momentânea de recursos.

A intensificação da escolaridade, tal como se
a pratica nos Estados-Unidos e tal como se a
promete na América Latina, é nos dois casos um
logro. Os doze anos de escolaridade mutilam os
Americanos pobres, enquanto os Sul-Americanos
pobres estão em desvantagem devido a uma escolaridade insuficiente. Nem na América do Norte,
nem na América do Sul, a escola obrigatória traz
a igualdade aos pobres. Nos dois casos, só pelo
facto de existir, a escola desencoraja e impede os
pobres de se encarregarem da sua própria educação.
Por todas as partes do mundo, a escola tem na
sociedade um papel anti-educativo, enquanto é
reconhecida como a instituição cuja especialidade
exclusiva é a educação. Os seus maus êxitos confirmam a maior parte das pessoas no seu preconceito
de que a educação é uma tarefa de especialistas,
complexa, custosa e a maior parte das vezes irrealizável. A escola apropria-se de todos os meios,
o pessoal e as boas vontades que são destinadas
à educação, e desencoraja qualquer outra instituição
de empreender uma tarefa educativa. Da escola
depende o trabalho, os tempos livres, a política,
a vida em sociedade e mesmo a vida em família,

porque é a escola que fornece os seus modelos.
Ora, a escola, assim como as instituições que
dependem dela, absorve importâncias exorbitantes.

Nos Estados-Unidos, o preço de custo da
escolaridade por cabeça aumentou quase tão ràpidamente como o da assistência médica. Mas a
intensificação do tratamento médico bem como
escolar correspondeu a uma baixa crescente de
resultados obtidos. No domínio médico, as despesas
feitas para as pessoas de mais de quarenta e cinco
anos triplicaram ou quadruplicaram em quarenta
anos, enquanto houve um aumento da esperança
de vida da ordem dos 3%. No domínio do
ensino, o aumento das despesas produziu resultados ainda mais aberrantes: como explicar doutro
modo que o presidente Nixon tenha sido levado
a anunciar que, em breve, todas as crianças bene-
ficiariam do «direito de saber ler» antes de deixar
a escola?

Seriam precisos nos Estados-Unidos 80 biliões
de dólares para assegurar a todos o mesmo ensino
a nível do primário e do secundário. Isso representa
mais do dobro dos 36 biliões de dólares actualmente
gastos. Segundo prognósticos estabelecidos, de
maneira independente, pelos serviços oficiais e pela
Universidade da Florida, são 107 biliões que serão
precisos em 1974, em lugar dos 45 biliões previstos,
não compreendendo estes números as somas enor-
mes que reclama o ensino dito superior. Os
Estados-Unidos, que dispenderam, em 1969, 80
biliões de dólares para o seu orçamento militar,
incluindo a guerra do Vietnam, não têm aparen-

temente dinheiro para assegurar a igualdade do
ensino a todos. A comissão encarregada pelo
Presidente para estudar os créditos escolares faria
melhor perguntar-se como *evitar* tais despesas em
vez de procurar como fazer face a elas ou como
as reduzir.

Assegurar a todos, nas mesmas condições,
o ensino obrigatório deve ser reconhecido como
um tarefa econòmicamente irrealizável. Na
América Latina, o Estado gasta com um estudante
entre 350 e 1 200 vezes mais do que para um
cidadão médio (isto é, cujos rendimentos se situem
a igual distância dos mais pobres e dos mais ricos).
Nos Estados-Unidos, a desproporção é menor
quantitativamente, mas é ainda mais importante
qualitativamente. Os pais mais ricos, cerca de 10%,
podem oferecer aos seus filhos a frequência de um
estabelecimento privado e ajudá-los a beneficiar
do dinheiro das fundações. Mas obtêm também do
Estado, por filho, dez vezes mais dinheiro do
que os pais que constituem os 10% mais pobres
da população. Isso explica-se pelo facto de que
as crianças ricas têm uma escolaridade mais longa,
que um ano passado na Faculdade se torna infinitamente mais caro que um ano passado num estabelecimento do segundo grau, e que a maior parte
das Universidades privadas são, de facto, finan-
ciadas, pelo menos indirectamente, por fundos
antecipados sobre os impostos. O ensino obrigatório polariza necessàriamente uma sociedade; faz
também entrar os diferentes países do mundo num
sistema de castas internacional: cada país é clas-

sificado, na ordem do prestígio, segundo o número de anos que passam, em média, os habitantes a estudar, número que é proporcional ao produto bruto por cabeça.

Há nesta situação um paradoxo evidente: quanto mais dinheiro se gasta com o ensino, mais se reforça o seu poder destrutivo, tanto no plano nacional como no plano internacional. Isto é um fenómeno que deve ser reconhecido pùblicamente. Admite-se hoje que o ambiente natural será em breve destruído pela poluição bio-química, se não se recua no que respeita à produção de bens materiais. Ora, a escalada do sistema escolar é também nociva, mesmo que isso seja menos aparente. Por todas as partes do mundo, os custos da escolarização aumentaram mais depressa do que a população e o produto nacional bruto, e, no entanto, os créditos são cada vez mais insuficientes para satisfazer a exigência dos pais, professores e alunos. Por toda a parte, este estado de coisas impede de empreender e de financiar experiências educativas a grande escala, à margem do sistema escolar oficial. Os Estados-Unidos provam ao mundo que nenhum país é suficientemente rico para fazer funcionar um sistema escolar que responda à procura que ele próprio cria, só pelo facto da sua existência. Com efeito, se o sistema dá resultado, pais e alunos são incitados a desejar a sua extensão, o que traz consigo, consequentemente, um aumento desproporcionado das despesas à medida que os diplomas superiores são mais procurados e se tornam mais difíceis de obter.

Em vez de dizer que a igualdade de todos perante a Escola não é realizável neste momento, valeria mais reconhecer que ela é, no seu próprio princípio, uma absurdidade económica e que todo o esforço neste sentido não pode deixar de trazer uma castração intelectual, uma polarização social e um descrédito do sistema político que se lançasse em tal empresa. É uma engrenagem que não conhece limites, como o mostra um exemplo recente fornecido pela Casa-Branca: o psiquiatra que tinha tratado Nixon antes da sua candidatura explicou um dia ao Presidente que todas as crianças de três a cinco anos deveriam sujeitar-se a um exame psiquiátrico, o que permitiria descobrir nelas eventuais tendências destrutivas, e tratá-las convenientemente, reeducando-as se necessário em estabelecimentos especiais. E o Presidente transmitiu ao ministério este projecto do seu médico, a fim de saber em quanto importaria. Campos de concentração preventivos para pré-delinquentes estariam inteiramente na lógica do sistema escolar.

A igualdade de oportunidades em matéria de *educação* é, de facto, um objectivo desejável e realizável, mas assimilar este objectivo à *escolarização* obrigatória corresponde a tomar a Igreja pela salvação. A escola tornou-se a religião universal do proletariado modernizado, uma religião que faz vãs promessas de salvação aos pobres da era tecnológica. O Estado adoptou esta religião e faz entrar todos os cidadãos num sistema escolar hierarquizado, desembocando cada etapa num diploma, por um processo que faz lembrar os rituais de iniciação e as promoções sacerdotais de outrora. O Estado moderno atribuiu-se a missão de fazer respeitar os juízos transmitidos pelos seus educadores, graças a serviços sociais e a uma regulamentação da admissão, um pouco como os reis de Espanha que faziam aplicar as opiniões dos seus teólogos por intermédio dos Conquistadores e da Inquisição.

Há dois séculos, os Estados-Unidos foram os campeões dum movimento mundial que visava abolir o monopólio duma Igreja Única. Hoje é preciso, do mesmo modo, abolir o monopólio do sistema escolar que alia, legalmente, os preconceitos à discriminação. Uma Declaração dos Direitos digna duma sociedade moderna, deveria começar por um artigo correspondente à Primeira Modificação da Constituição americana: «O Estado não fará lei que diga respeito à organização da educação. Não haverá escola obrigatória para todos».

Para tornar efectiva esta separação da escola e do Estado, seria precisa uma lei que proibisse toda a discriminação na admissão, o direito de exercer algumas profissões ou a entrada em centros de formação sob forma de prova a fazer de estudos anteriores. Isto não quer dizer que não se tivesse a preocupação da competência das pessoas no trabalho e na função que procurassem, mas isso suprimiria a discriminação absurda que consiste em dar a preferência aos que custaram mais caro ao Estado para aprender uma profissão, ou que obtiveram um diploma que muitas vezes nada tem que ver com o trabalho que eles fazem.

É sòmente deixando de desqualificar os cidadãos na base da sua carreira escolar, que se poderá tirar à escola o seu carácter sagrado, intocável.

Nem o saber nem a justiça, são servidos pelo sistema escolar, porque os educadores identificam sempre instrução e diploma. A escola confunde a aprendizagem de conhecimentos e a aprendizagem dum papel social. Ora, o segundo determina só a opinião que as pessoas farão de vós, enquanto o primeiro significa a aquisição de competência. A selecção para um papel tende cada vez mais a depender, não do que se aprendeu, mas simplesmente do tempo que se passou a fazer tais ou tais estudos. Há todo um conjunto de ritos a respeitar, se se quer ultrapassar as barreiras, quando a aprendizagem pròpriamente dita é a escolha das circunstâncias propícias à aquisição de conhecimentos. A escola liga a instrução à investidura num papel, o que é ao mesmo tempo irracional e alienante. Irracional, porque em lugar de associar o papel a qualidades ou a competências, a escola não o associa senão ao processo que se supõe permitir a aquisição destas qualidades. Alienante, porque a escola reserva a instrução àqueles de quem cada passo em frente se conforma com normas sociais pré-estabelecidas.

A escolarização universal e obrigatória tinha por fim separar a realização da função da história pessoal de cada um: em princípio, toda a gente tinha oportunidades iguais de chegar a qualquer função. Hoje ainda, muitas pessoas crêem, sem razão, que graças ao sistema escolar se pode estar certo de que os cargos públicos são confiados aos que têm a competência necessária. Em lugar de igualar as oportunidades, o sistema escolar monopolizou a sua repartição.

O sistema escolar repousa também numa outra ilusão fundamental, que consiste em acreditar que quase tudo o que se ensina é transmitido pelo ensino. É verdade que o ensino pode contribuir para a aquisição de determinados conhecimentos em determinadas circunstâncias. Mas a maior parte das pessoas aprendem a maior parte do que sabem fora da escola, ou antes, na escola, na medida em que esta, em alguns países ricos, é o lugar onde elas passam uma parte cada vez mais importante da sua vida.

Quase tudo o que as pessoas sabem, aprenderam-no sem o fazer intencionalmente, e mesmo o que elas tiveram intenção de aprender não é sempre adquirido seguindo sistemàticamente um programa. As crianças aprendem normalmente a sua primeira língua sem se aperceber disso, e só a aprendem mais depressa se os seus pais se ocupam delas. A maior parte das pessoas que possuem uma segunda língua, aprenderam-na devido a circunstâncias acidentais e não graças a um ensino programado: foram, por exemplo, viver para casa dos seus avós, viajaram, gostaram de alguém que falava esta língua. A facilidade de ler depressa e bem é também, a maior parte das vezes, o resultado de actividades exteriores à escola.

Mas, mesmo se o que se sabe melhor foi aprendido mais ou menos por acaso e como um sub-produto duma outra actividade, isso não significa que a aprendizagem sistemática não seja facilitada por uma instrução sistemática e que uma e outra devem ser melhoradas. O estudante fortemente motivado, que se prepara para adquirir uma nova qualificação complexa, faria mal privar-se do bom velho método dos professores-escolares que faziam as crianças decorar, tanto a tabuada da multiplicação como o hebreu ou o catecismo. Este método caíu hoje em descrédito e, no entanto, raras são as qualificações que um estudante de boa vontade e normalmente dotado não possa adquirir em alguns meses, se proceder desta maneira tradicional. Isto é verdade para toda a codificação ou descodificação para uma segunda ou terceira língua (como para aprender a ler ou a escrever); isso é verdade também para aquelas linguagens especiais que são a álgebra, a programação de computadores, a análise química, e para aquelas qualificações manuais que são a dactilografia, a relojoaria, a soldagem, as instalações eléctricas, a reparação de postos de televisão; e isso é verdade também, para quem quer aprender a dançar, a conduzir ou a mergulhar. Em alguns casos, só é possível lançar-se num programa de aprendizagem, se já se tem competência num outro domínio, mas não há certamente que nos inquietarmos com a maneira como foram adquiridas. Para aprender a reparar postos de televisão, é preciso justamente saber ler e ter estudado um pouco de matemáticas, para aprender a mergulhar é preciso saber nadar convenientemente, para aprender a conduzir, o mesmo se passa.

Os progressos que realizam aqueles que querem adquirir uma qualificação são mensuráveis. É fácil avaliar, em cada caso, o que será preciso em tempo e em material a um adulto médio. Pode dizer-se que nos Estados-Unidos, aprender uma segunda língua europeia deveria custar entre 400 e 600 dólares, e seria preciso quase duplicar este preço para uma língua oriental, tendo em conta os professores que seria preciso formar. Isso é uma quantia irrisória, se se a compara aos cerca de 15 000 dólares que representam doze anos de escolaridade em Nova Iorque, doze anos esses que o menor empregado do Serviço de Limpeza deve comprovar, a fim de poder ser admitido. Já não é só o professor, mas são também o soldador, o droguista, que protegem a sua profissão fazendo crer que não se pode entrar nela senão ao fim de estudos muito dispendiosos.

Na hora actual, é às escolas que chegam pràticamente todos os fundos destinados à educação. O treino intensivo e sistemático nesta ou naquela disciplina, que fica muito menos caro que a instrução escolar correspondente, tornou-se um privilégio reservado àqueles que são suficientemente ricos para custearem uma formação paralela, ou àqueles que uma grande firma ou o exército querem formar durante a sua carreira. Um programa que visasse desescolarizar progressivamente a educação disporia, ao princípio, de créditos limitados para este tipo de formação. Mas, em seguida, não haveria nenhuma razão para que, quemquer que fosse em qualquer momento da sua vida, não pudesse escolher adquirir uma qualificação entre as centenas possíveis, e isto a expensas do Estado.

Desde hoje, poder-se-ia procurar uma fórmula de letras de crédito, que permitiria às pessoas de todas as idades, e não só aos pobres, receber uma formação no centro da sua escolha. Tratar-se-ia duma espécie de licença que daria direito à educação, a qual seria distribuída a todos os cidadãos à nascença. A fim de dar uma vantagem aos pobres, que não o seriam provàvelmente, no caso de tirarem proveito da sua licença desde a juventude, poder-se-ia inventar uma cláusula que previsse interesses cumulativos que aumentariam o poder de compra da letra de crédito no decorrer dos anos. Uma tal fórmula permitiria ao grande número adquirir uma formação que respondesse às suas necessidades, e isso mais ràpidamente, mais còmodamente, mais eficazmente e com menores despesas do que passando pelo sistema da escola.

A maior parte das qualificações mais procuradas e que só podem aprender-se com outrem, são possuídas por um certo número de pessoas que as utilizam. Mas estas pessoas estão impedidas de as transmitir a outros, porque os professores monopolizam o direito de ensinar e porque os sindicatos protegem os interesses corporativos. Centros de formação, julgados segundo os resultados que obtêm e não segundo o pessoal ou os métodos empregados, abririam possibilidades de trabalho insuspeitadas, mesmo para aqueles que actualmente se considera como inutilizáveis.

Em 1956, o arcebispo de Nova-Iorque decidiu que seria preciso a todo o preço ensinar algumas centenas de professores primários, assistentes sociais, padres a comunicar com os Porto-riquenhos em espanhol. O meu amigo Gerry Morris fez passar um anúncio na rádio, numa emissão em língua espanhola, para fazer saber que lhe eram precisas pessoas de Harlem cuja língua natal fosse o espanhol. No dia seguinte, cerca de duzentos adolescentes faziam bicha diante do seu escritório, e deles escolheu cinquenta, um bom número dos quais não tinha terminado a escola primária. Ensinou-os a servirem-se do manual de espanhol do exército americano e pô-los a trabalhar ao fim duma semana, ficando cada um deles responsável por um grupo de quatro Nova-Iorquinos que desejavam aprender o espanhol. Em seis meses a missão estava cumprida. O cardeal Spellman podia gloriar-se de ter cento e vinte sete paróquias em que pelo menos três membros do pessoal sabiam espanhol. Nunca se poderia ter obtido um tal resultado no quadro dum programa escolar.

As pessoas capazes de transmitir uma qualificação são raras, por causa do valor que se liga à licenciatura do ensino. De facto, a maior parte dos professores encarregados de ensinar as diversas artes e profissões são menos competentes, menos inventivos e menos bons pedagogos que os bons profissionais. A maior parte dos professores de espanhol ou de francês do secundário sabem pior a língua do que saberiam os seus alunos ao fim de seis meses de preparação intensiva. As ocasiões de adquirir qualificações multiplicar-se-iam, se se abrisse o «mercado». Trata-se, para isso, de dar ao estudante motivado o professor que lhe é preciso com um programa inteligente, sem se fechar num quadro rígido. Estas propostas chocarão evidentemente o professor ortodoxo, para quem a aprendizagem vai necessàriamente a par com a educação «humanista» que se julga que a escola fornece, e para quem todo o ensino «selvagem» só pode servir fins incontroláveis.

Foi feita recentemente uma proposta, que parece, à primeira vista, já não se poder ter por razoável. Emana de Christopher Jencks, do «Centro para o Estudo da Polícia Pública». Tratar-se-ia de enviar letras de crédito-educação aos pais e aos alunos que seriam livres de as gastar no estabelecimento da sua escolha. Estas concessões individuais seriam, em nossa opinião, um primeiro passo na boa direcção. É preciso que seja garantido o direito de todos os cidadãos beneficiarem igualitàriamente dos fundos públicos destinados à educação. É uma forma de garantia contra o imposto regressivo.

Infelizmente, a proposta de Jencks começa por uma declaração um pouco inquietante, onde se pode ler que «conservadores, liberais e extremistas censuraram sempre o sistema educacional americano por não incitar suficientemente os educadores profissionais a dar uma formação escolar de qualidade ao maior número possível de crianças». A proposta anula-se por si própria, ao pedir que as concessões de estudos enviadas

aos pais sejam gastas no quadro da escola. É como
dar a um coxo um par de muletas, acentuando
que só as deve utilizar ligadas. Tal como se apresenta, a proposta de Jencks serve os interesses,
não só dos educadores profissionais, mas também
dos racistas, dos promotores de escolas religiosas
e outros que dividem a sociedade.

Esta discriminação em favor das escolas,
flagrante no projecto de Jencks, arrisca-se a comprometer um ponto, todavia capital, da reforma
proposta, a saber, a necessidade de dar ao indivíduo
a iniciativa e a responsabilidade financeira da sua
formação.

*

Para desescolarizar a sociedade, é preciso
começar por reconhecer a dupla natureza de toda
a aquisição de conhecimentos. Não é na escola
que se pode adquirir uma qualificação nem receber
uma educação, precisamente porque ela não faz
distinção entre estas duas tarefas. A escola é uma
estúpida instrutora em matéria de qualificações,
porque ensina segundo um programa enciclopédico,
ligando entre si ensinamentos que não têm relação
alguma. Para avançar em história, é preciso progredir em matemáticas e é preciso assistir aos
cursos para ter o direito de se servir do campo
de jogos.

A escola não cria as condições propícias para
uma formação que não tenha outro fim senão ela
mesma — isto é, para a *educação* pròpriamente dita
— principalmente porque ela é obrigatória e institui

a *escolarização* como um fim em si: uma permanência forçada passada na companhia de professores e que vos dá direito ao privilégio duvidoso de poder continuar na sua companhia. Do mesmo modo que é preciso libertar a aquisição de aptidões, dos programas rígidos, é preciso dissociar a educação liberal da assiduidade obrigatória. Certamente, as duas actividades podem ser favorecidas por disposições institucionais, mas são de natureza totalmente diferente e muitas vezes contraditória.

A maior parte das qualificações ou aptidões podem ser adquiridas por uma preparação intensiva, porque supõem a competência de um certo número de orientações previsíveis. Trata-se, pois, de simular as circunstâncias em que a aptidão terá de se exercer. Mas esta preparação não permite educar para o uso que desenvolva ou crie essas aptidões.

A educação pode ser o resultado do ensino, mas só enquanto este for o contrário duma repetição mecânica de exercícios. Assenta numa permuta entre parceiros que possuem já determinadas chaves, que dão acesso aos conhecimentos acumulados pela e na comunidade. Assenta na intenção crítica de todos os que utilizam estes conhecimentos com um fim criador. Assenta na surpresa criada por uma questão inesperada que abre novas perspectivas.

O instrutor apoia-se numa combinação de circunstâncias bem definidas que permitem ao aluno adquirir comportamentos-respostas *standard*. O educador tem como tarefa ajudar os parceiros críticos a encontrarem-se, partindo, cada um, das questões que se põe sem as ter resolvido. No

melhor dos casos, ele pode ajudar os alunos a
formular a sua questão, porque só uma formulação
clara permitirá a um indivíduo descobrir o parceiro
preocupado com a mesma questão e explorar o
problema com ele. Encontrar parceiros capazes de
se enriquecerem mùtuamente, parece, à primeira
vista, mais difícil do que encontrar instrutores
capazes de ensinar uma aptidão ou parceiros para
um jogo. Uma das razões disso é o medo profundo
que a escola implantou em nós e que nos torna
pesarosos. A transmissão de aptidões é, sem
surpresa e por consequência, aparentemente menos
perigosa do que a ocasião que se dá a umas pessoas
de partilhar com outras um problema que, a um
dado momento, é importante para elas, social
e afectivamente.

O meu mestre brasileiro Paulo Freire sabe-o
por experiência. Apercebeu-se de que todo o
adulto pode aprender a ler em cerca de quarenta
horas, por pouco que as primeiras palavras que
chega a interpretar estejam carregadas duma significação política que o toca directamente. Freire
forma os seus pedagogos ensinando-os, quando
vão para uma aldeia, a descobrir as palavras que
remetem para os problemas-chave, quer seja, por
exemplo, o acesso a um poço ou os interesses
compostos de dívidas para com o «patrão». À noite,
as pessoas da aldeia reúnem-se para discutir estas
palavras-chave. Em breve se dão conta de que
cada palavra fica registada no quadro preto, uma
vez que o som desapareceu. Aí estão as letras
que tornam a realidade presente e permitem olhá-la

sob a forma de problema. Constatei muitas vezes
por mim próprio, que os participantes desenvolvem
a sua consciência social, ao mesmo tempo que
aprendem a ler e se sentem levados para a acção
política. Dir-se-ia que saber escrever a realidade
lhes permite pegá-la nas mãos. Recordo-me de
um homem que se queixava do peso dos lápis:
eram difíceis de manejar porque não pesavam
tanto como uma pá. E recordo-me de um outro
que, indo trabalhar, parou com os seus camaradas
e traçou no chão com o cabo de um utensílio as
letras da palavra que estavam preparados para
discutir: «Reforma». Desde 1962, o meu amigo
Freire vai de exílio em exílio, particularmente porque recusa utilizar para sessões de ensino palavras escolhidas antecipadamente por educadores
autorizados, para partir daquelas que lhe trazem
os seus «alunos».

Desde há anos, Mons. Robert Fox experimenta
com sucesso o mesmo tipo de método na parte
porto-riquenha de Harlem. Utiliza fotografias do
bairro e pede aos seus alunos adultos para as
comentar. Conduz o seu programa intitulado
«exploração», trabalhando sobre o sentido das
palavras que designam a atitude deles face aos
caixotes do lixo, aos dísticos das paredes, aos
polícias ou às crianças das fotografias. Estas
sessões de análise de grupo têm um efeito libertador
que se tem dificuldade em compreender de fora.
Vi-as muitas vezes acabar com a improvisação
duma festa em plena rua. Fox, duvidam disso?!,
pode cada vez menos contar com o apoio da Igreja

ou da municipalidade, ou com os programas de ajuda federal. Ele reúne as pessoas para as ensinar a ser mais conscientes, em lugar de ajudar a sociedade a tê-las na mão.

Prover, com fins educativos, a pessoas que fizeram estudos tradicionais é uma tarefa de toda uma outra ordem. Raras são aquelas que podem dispensar toda a ajuda — mesmo entre os leitores de jornais intelectuais. Certamente, na maior parte dos casos, a questão não é a de reunir as pessoas à volta de um slogan, duma palavra ou duma fotografia. Mas o princípio permanece o mesmo: dar às pessoas a possibilidade de se encontrar para discutir um problema que escolheram e definiram com toda a liberdade. Aprender de maneira criadora, que leve a novas descobertas, supõe um grupo cujos membros sejam iguais e se ponham os mesmos problemas nos mesmos termos. As grandes universidades tentam em vão reunir estes grupos multiplicando os cursos oferecidos, e fracassam necessàriamente uma vez que não podem oferecer senão um ciclo pré-determinado, com cursos fixos e uma administração burocrática. As escolas, incluindo as universidades, consagram a maior parte dos seus recursos a comprar o tempo e as motivações dum número limitado de pessoas, a quem se pede para tratar problemas definidos antecipadamente, seguindo um plano ritual. A alternativa mais radical seria uma organização que désse a cada um a possibilidade de discutir problemas que contem para ele, com outras pessoas preocupadas com as mesmas questões.

Vejamos, por exemplo, como tais encontros poderiam ser organizados em Nova-Iorque. Qualquer pessoa teria a possibilidade, a todo o momento e por uma pequena quantia, de transmitir a um computador com o seu nome, a sua direcção e o seu número de telefone, o nome do livro, do artigo ou do disco sobre que desejaria travar uma discussão com alguém. Ao fim de alguns dias, receberia pelo correio a lista das pessoas que tinham tomado recentemente a mesma iniciativa. Poderia então telefonar, para marcar encontro com pessoas a respeito das quais não saberia outra coisa, a princípio, a não ser o facto de que elas desejam dialogar sobre o mesmo tema. Num primeiro encontro em lugar público, os intervenientes poderiam reconhecer-se pondo o livro em questão a seu lado. As pessoas que tomassem a iniciativa de tais encontros, depressa saberiam que tema inicial lhes permite encontrar o género de interlocutores que procuram. O risco de que a discussão se revele ilusória, inútil, ou mesmo francamente prejudicial, não teria comparação com o que todo o estudante corre, quando se inscreve num curso. Haveria grandes oportunidades, pelo contrário, de dissipar assim a solidão que pesa sobre os habitantes das grandes cidades e de gerar amizades, actividades e leituras novas. Objectar-se-ia que nada impediria a C. I. A. de conseguir assim informações sobre as leituras e as convivências das pessoas, mas um homem livre não se importaria com isso.

Nos dois domínios que evocámos, a transmissão de aptidões e o encontro de interlocutores,

o princípio de base é o mesmo: a educação para
todos é educação *por* todos. Não é encerrando
as pessoas em instituições especializadas, mas mobi-
lizando toda a população, que se terá uma cultura
popular. O direito de cada um, de ensinar e de
instruir, passa actualmente pela mediação de professores diplomados. A sua competência é, por
sua vez, reduzida às actividades que podem
exercer-se no quadro da escola. Resulta daí uma
alienação do trabalho e dos tempos livres. O espec-
táculo ou o trabalho que vos propõem, exige que
vos submetais sem resistência à rotina que vos
impõem. Estais modelados não só pela formação
escolar, mas pela publicidade, pelas embalagens e
pela apresentação dos produtos quotidianos. Se se
quiser desescolarizar a sociedade, não basta só
renovar o modo de aquisição das competências,
mas todo o quadro de vida.

Não é questão de voltar às formas que tomava
a educação informal na cidade ou na aldeia da
Idade Média. A sociedade desse tempo era compa-
rável a uma série de círculos concêntricos, cada
um dos quais tinha um sistema de significações,
enquanto o homem moderno deve desembara-
çar-se no meio de sistemas de significações, com
os quais não mantém senão uma relação marginal.
Na aldeia tradicional, havia uma coerência entre a
linguagem, a arquitectura, o trabalho, a religião,
os costumes familiares, cada elemento explicitando
e reforçando os outros. Toda a adaptação num
domínio implicava a adaptação nos outros, mesmo
no que respeitava a actividades tão especializadas

como fazer calçado ou cantar salmos. Mesmo que um aprendiz não passasse nunca a companheiro, contribuía, contudo, para assegurar a solenidade da arte do sapateiro ou dos serviços religiosos. A educação não entrava em concorrência com o trabalho ou os tempos livres. Era quase sempre complexa, durava tanto tempo como a vida de cada um e não seguia um plano pré-estabelecido.

A sociedade contemporânea é o resultado dum plano concertado, e as ocasiões de educação devem estar previstas nele. Veremos, brevemente, decair a importância do ensino escolar especializado e a pleno tempo, e será preciso encontrar, para o substituir, novas maneiras de aprender e de ensinar continuamente, realçando o carácter educativo de todas as instituições. Mas esta mudança pode ser um pau de dois bicos. Pode ser possível que o homem das cidades modernas seja cada vez mais vítima da lavagem ao cérebro e da manipulação, logo que tiver desaparecido o último resíduo de independência crítica que a escola liberal mantém ainda, pelo menos em alguns dos seus alunos. Mas é possível também que as pessoas, deixando de se colocar por detrás dos diplomas adquiridos na escola, reergam a cabeça e decidam tomar o leme das instituições em que participam. Para fazer com que seja assim, ser-nos-á preciso aprender a medir o valor social do trabalho e dos tempos livres, pelas possibilidades de intercâmbios a nível educativo que eles oferecem. É participando efectivamente, na vida política duma comunidade, tal como a rua, o bairro, o lugar de trabalho, a biblioteca, os meios de informação ou o hospital, que se contribuirá para se avaliar o seu valor como instituição educativa.

Tive recentemente a ocasião de entrar em contacto com um grupo de alunos do secundário que tinham organizado um movimento contra a passagem obrigatória para a classe superior. Tinham como palavra de ordem: «Participação, não simulação». A sua decepção foi grande, ao aperceberem-se de que se tinha compreendido que eles exigiam *menos* educação, enquanto, afinal, exigiam mais. E isso lembra a oposição de Marx contra um passo do programa de Gotha em que se propunha a proibição do trabalho das crianças. Marx tinha-se oposto a isso no interesse da educação dos jovens, que não podiam realizar-se senão no trabalho.

Um dos meus amigos negros de Chicago definiu muito bem o obstáculo maior que se opõe a que a sociedade tenha um papel educativo, no dia em que me fez notar que a nossa imaginação estava completamente «escolarizada». Deixamos o Estado verificar a educação deficiente de todos os cidadãos e estabelecer uma instituição especializada para o remediar. Intuitivamente, temos a ilusão de saber distinguir entre o que é necessário à educação dos outros e o que não é, precisamente como no tempo das leis que fixavam o domínio do sagrado e o domínio do profano. Para Durkheim, esta capacidade para dividir a realidade social em dois domínios distintos é a própria essência da religião. Segundo ele, podem encontrar-se religiões sem deuses, mas todas têm de comum o facto de dividir o mundo entre a esfera do sagrado e a do profano. Esta teoria aplica-se muito bem à sociologia da educação. A escola, por definição, divide.

A simples existência de escolas *obrigatórias* divide toda a sociedade em dois domínios: há, dum lado, os períodos, as actividades, os processos, as profissões que são «académicas» ou «pedagógicas», e, doutro lado, aqueles que não o são. Não há limites a este poder da escola, de dividir a realidade social: a educação é separada do mundo e o mundo da educação.

Desde Bonhöffer, os teólogos contemporâneos sublinham a confusão que se estabeleceu entre a mensagem judeo-cristã e a religião institucional. Sublinham também o facto de que a liberdade e a fé cristãs ganham em ser secularizadas, afirmação que pode parecer blasfematória aos homens da Igreja. Da mesma maneira, podemos afirmar, sem nos enganarmos, que o processo educativo ganhará em ser desescolarizado, mesmo se numerosos letrados julgarem que uma tal afirmação vai no sentido do obscurantismo. Mas, na hora actual, é precisamente nas escolas que o obscurantismo se refugiou.

A secularização da fé cristã depende da iniciativa dos cristãos que estão enraìzados na Igreja. Do mesmo modo, a desescolarização será levada a cabo por homens que foram educados nas escolas. A sua carreira académica não poderia servir-lhes de alibi para se furtarem a esta tarefa. Porque cada um de nós permanece responsável do que fizeram dele, mesmo que só possa assumir esta responsabilidade servindo de advertência aos outros.

Ivan ILLICH

IV

URGÊNCIA
DE UMA REVOLUÇÃO CULTURAL (*)

Durante o decénio que acabou, criámos o hábito de ver o mundo dividido em duas partes: o mundo desenvolvido e o mundo subdesenvolvido. As pessoas que trabalham para o desenvolvimento preferiam falar de países desenvolvidos e de países menos desenvolvidos ou em vias de desenvolvimento. Esta terminologia sugere que o desenvolvimento é ao mesmo tempo bom e inevitável. Outros — e particularmente os protagonistas de uma mudança revolucionária — falam de «Terceiro Mundo», e aguardam o dia em que os condenados da terra se hão-de levantar e tomar as armas contra as potências imperialistas e hão-de fazer passar o controlo das instituições actualmente dominantes das mãos do Norte às do Sul, das

---

* Art. de Ivan ILLICH, extraído da Rev. IDOC *international*, n.º 40, 15/2/1971, pp. 23-35; já anteriormente publicado, em espanhol, pelo CIDOC de Cuernavaca/ /México. Para melhor interpretação, é útil juntar e confrontar este art. com o estudo do mesmo autor, publicado em IDOC, n.º 19, pp. 48-63, «Déjouer les menées des *développés*».

mãos dos Brancos às dos Negros, das mãos das metrópoles às das colónias.

Um exemplo da primeira suposição é o relatório--Rockfeller sobre as Américas. O presidente Nixon resume bem a sua doutrina: «Esta noite, eu prometo que a nação que foi à lua de maneira pacífica por toda a humanidade, está disposta a partilhar a sua tecnologia de maneira pacífica com os seus vizinhos mais próximos».

Por seu lado, Rockfeller propõe, para que esta promessa se possa cumprir, que se envie muito armamento suplementar à polícia sul-americana.

O relatório-Pearson — *Companheiros para o desenvolvimento* — é um exemplo muito mais sofisticado da mentalidade «desenvolvimentista». Esboça os planos de uma política que permitirá, a um certo número de países, entrar no círculo encantado das nações consumidoras, mas na realidade a pobreza dos pobres aumentará: com efeito, as estratégias dos desenvolvidos propõem-se «modernizá-los» vendendo-lhes cada vez mais bens e serviços, que são cada vez mais caros e, portanto, fora do seu alcance.

Os objectivos planificados pela maior parte dos movimentos e dos governos revolucionários que eu conheço — e eu não conheço a China de Mao — relevam, em definitivo, de um outro tipo de cinismo. Os seus leaders prometem inùtilmente que — uma vez no poder por um período de tempo suficiente — produzirão e distribuirão, antes de tudo, o que as massas aprenderam a conhecer e a invejar como sendo o privilégio

dos ricos. Tanto os promotores do desenvolvimento
como os prègadores da revolução preconizam uma
maior distribuição dos mesmos bens e dos mesmos
serviços. Querem mais educação e mais escolarização,
uma saúde melhor e mais doutores, uma
mobilidade maior e mais veículos muito rápidos.
Os vendedores da indústria norte-americana, os
peritos da banca mundial e os ideólogos do poder
negro parecem ter esquecido que a cirurgia do
coração e os graus universitários continuarão a
estar fora do alcance da maioria durante gerações.

Sempre e por toda a parte, os objectivos
do desenvolvimento são definidos em termos-
-standard de consumo norte-atlântico e implicam
portanto, sempre e por toda a parte, que se criem
novos privilégios para as minorias. Uma reorganização
política não pode mudar este facto;
ela não pode senão racionalizá-lo. Ideologias
diferentes criam minorias de consumidores privilegiados
diferentes, mas a cirurgia do coração ou
uma educação universitária são sempre de um
preço que está fora das possibilidades de todos,
à excepção de um certo número de pessoas privilegiadas
pela ideologia dominante — sejam elas
os ricos, os ortodoxos ou os sujeitos mais fascinantes
quando se trata de experiências de cirurgiões
e de pedogogos.

O subdesenvolvimento é o resultado dum
estado de espírito comum aos países socialistas e
aos países capitalistas. Os objectivos actuais do
desenvolvimento, não são, nem desejáveis nem
razoáveis. Infelizmente, o anti-imperialismo não

é um antídoto. Não queremos dizer que a exploração dos países pobres não é uma realidade inegável, mas queremos dizer, outrossim, que o nacionalismo de hoje não é senão a afirmação do direito das elites colonizadas a repetir a história e a retomar a rota percorrida até há pouco pelos ricos, rumo ao consumo universal dos bens, consumidos internacionalmente; essa rota que não pode conduzir senão a uma contaminação e a uma frustração universais.

O problema central do nosso tempo permanece este: os ricos tornam-se cada vez mais ricos, e os pobres cada vez mais pobres. Este facto é-nos muitas vezes dissimulado por um outro, aparentemente contraditório. Nos países ricos, os pobres têm acesso a uma quantidade e a uma qualidade de conforto que excede os sonhos de Louis XIV, enquanto muitos dos países ditos em vias de desenvolvimento gozam de taxas de crescimento económico muito mais elevadas do que as dos países industrializados, e isto em etapas semelhantes da sua história própria. Dum refrigerador a uma latrina e do antibiótico à televisão, o conforto considerado como necessário em Harlem não teria sido imaginado por Washington em Mont Vernon, do mesmo modo que Bolivar não poderia ter previsto a polarização social, tornada agora inevitável, em Caracas. Mas nem os níveis mínimos de consumo em aumento nos países ricos, nem os níveis mínimos de consumo urbano nos países pobres, podem suprimir o fosso existente entre as nações ricas e as nações pobres, ou entre os

ricos e os pobres que pertencem a uma só e mesma
nação. A pobreza moderna faz intrìnsecamente
parte de uma comunidade internacional em que
a procura é manipulada por meio da publicidade
para estimular a produção de bens-standard. Em
tal mercado, as expectativas são estandardizadas,
e devem ultrapassar sempre os recursos disponíveis
nesse mercado.

Nos Estados-Unidos — e isto apesar de toda
a sua prosperidade pantagruélica — os níveis reais
de pobreza crescem mais ràpidamente do que o
salário médio. Nos países ávidos de capitais, os
salários médios afastam-se ràpidamente das médias
em aumento. A maior parte dos bens que são
produzidos hoje nos Estados-Unidos, estão fora
do alcance de todos, à excepção de um pequeno
número de habitantes de outras regiões do mundo.
Tanto nas nações ricas como nas nações pobres,
o consumo concentra-se, enquanto a expectativa
se igualiza.

Durante o decénio que agora começa, nós
devemos aprender uma nova linguagem que fala,
não de desenvolvimento e de subdesenvolvimento,
mas das verdadeiras e das falsas ideias sobre o
homem, sobre as suas necessidades, e sobre as
suas capacidades. Progressivamente, os programas
de desenvolvimento conduzem, por toda a parte
no mundo, à violência, seja ela a da repressão
ou a da rebelião. Isso não é devido às intenções
pérfidas dos capitalistas ou à rigidez ideológica
dos comunistas, mas à incapacidade dos homens
de suportar os efeitos secundários das instituições

industriais e das instituições sociais que se desenvolveram na primeira idade industrial. Na segunda metade dos anos 60, a atenção foi sùbitamente despertada para a incapacidade do homem de sobreviver à sua própria indústria. Durante os últimos anos 60, tornou-se evidente que menos de 10% da raça humana consomem mais de 50% dos recursos do mundo, e estão na origem da contaminação física da atmosfera que ameaça atingir a biosfera. Mas isto não é senão um aspecto do paradoxo oferecido pelo actual desenvolvimento. Durante os primeiros anos 60, tornou-se igualmente claro que as instituições sociais tiveram um efeito regressivo análogo. A institucionalização internacional de serviços sociais, da medicina e da educação, que se identifica geralmente com o desenvolvimento, teve efeitos secundários destrutivos igualmente na esfera social e psicológica.

Nós temos necessidade de um programa que seja uma verdadeira alternativa, uma alternativa ao mesmo tempo para o desenvolvimento e para a revolução simplesmente política. Deixem-me que chame a este programa — verdadeira alternativa — uma revolução das instituições ou uma *revolução cultural*, porquanto o seu propósito é o de transformar a realidade tanto pública como pessoal. O revolucionário político quer melhorar as instituições existentes, a sua produtividade, a qualidade e a distribuição dos seus produtos. A sua visão do que é desejável e possível baseia-se nos hábitos de consumo desenvolvidos ao longo dos últimos cem anos. O revolucionário cultural crê que estes hábitos deformaram radicalmente a nossa visão do que os seres humanos podem ter e querer. Ataca a realidade que os outros consideram como óbvia — realidade que, segundo ele, é o efeito secundário artificial das instituições contemporâneas, realidade criada e reforçada por estas, em busca de fins a curto prazo. O revolucionário político concentra-se na escolarização e na adaptação ao meio que os países ricos, socialistas ou capitalistas, engendraram. O revolucionário cultural afronta o futuro da educabilidade do homem.

Deve distinguir-se o revolucionário cultural, não só do mago político, mas ainda do neo-Ludita e do promotor da tecnologia intermediária. O Ludita comporta-se como se o nobre selvagem pudesse ser restaurado no trono, como se o Terceiro-Mundo pudesse ser transformado numa espécie de jardim zoológico para ele. Opõe-se à máquina de combustão interna em vez de se opor ao facto de se a consumir e ao facto de se fazer dela um produto destinado ao uso exclusivo do proprietário. Assim, o Ludita atira a culpa para o produtor; o revolucionário das instituições, para o destino e a distribuição do produto. O Ludita atira a culpa para a máquina; o revolucionário cultural fomenta a tomada de consciência do facto de que o desenvolvimento arrasta consigo procuras supérfluas. Devemos também distinguir o revolucionário cultural do promotor da ex-tecnologia dita intermediária, o qual, muitas vezes, não é senão um estratega superior que abre o caminho ao consumo inteiramente manipulado.

*

Deixem-me ilustrar o que entendo por revolução cultural, tomando como exemplo a instituição escolar, a saber, a escolarização obrigatória: assistência à escola a tempo completo, grupos específicos de idades, *curriculum*, diplomados e professores-de-certificado.

A América latina decidiu escolarizar-se até que tenha atingido o seu pleno desenvolvimento. O resultado desta decisão vem a ser o de engendrar uma inferioridade que não deveria existir. Com cada escola construída, semeia-se a corrupção institucional, e é a isto que se chama crescimento.

As escolas trazem prejuízo aos indivíduos e caracterizam bem as nações. Os indivíduos não saiem delas senão frustrados; as nações degradam-se irreversìvelmente quando constróem as suas escolas para ajudar os seus cidadãos a «jogar à competência internacional». Para o indivíduo, a escola é sempre um risco. As possibilidades podem ser muito escassas, mas toda a gente pode ganhar a mesma sorte grande. É claro que, no fim de contas — qualquer jogador profissional no-lo poderá dizer —, é o rico que tem muito mais oportunidades de ganhar, e o pobre muito mais oportunidades de perder.

Se o pobre consegue ficar por algum tempo no jogo, a sua dor não será senão mais aguda quando vier a perder, pois isso acontecerá inevitàvelmente.

Muitas vezes não pode utilizar o quinhão que ganhou: uma casa em Pédrégal ou uma licenciatura; mas aqueles que, numa cidade latino-americana, não prosseguiram os seus estudos primários, cada vez mais dificilmente encontram emprego na indústria.

Mas sem fazer apostas contra, toda a gente joga o jogo, visto que no fim não há mais do que uma tiragem para o povo. Uma bolsa pode ser qualquer coisa de muito distante, mas é uma possibilidade de igualar os burocratas melhor treinados do mundo. O estudante pobre que é rejeitado, que não obtém bolsa, pode ficar consolado dizendo de si para si que as cartas estavam contra ele desde o começo.

Cada vez mais, os homens começam a acreditar no jogo da escolarização; o que perde não recebe senão o que merecia. A crença na capacidade das escolas para classificar correctamente as pessoas, é já talmente forte, que as pessoas aceitam o seu destino profissional e familiar com a resignação de jogadores. Nas cidades, a fé neste «encaixamento», a que chega a escola, está em vias de produzir uma «meritocracia» cada vez com mais crédito, um estado mental e psíquico que faz com que cada cidadão creia merecer o lugar que lhe foi assinalado pela escola. Ainda não temos meritocracia perfeita, para a qual não haveria excusa; e creio que podemos evitá-la. Ela deve ser evitada, visto que uma meritocracia perfeita não seria sòmente infernal: seria o inferno mesmo.

Os educadores apelam para o instinto de jogo de toda a população, quando juntam dinheiro para as escolas. Anunciam a sorte grande sem fazer menção da vantagem que daí resulta. Esta vantagem é grande para o que nasceu moreno, pobre ou na pampa. Em toda a América latina, nenhum país está tão orgulhoso com o seu sistema escolar, obrigatório pela lei, como a Argentina. Mas não há senão um Argentino entre cinco mil, dos nascidos na metade social inferior da população, que chega à universidade.

O que não é senão a roda da fortuna para o indivíduo, é um turbilhão de subdesenvolvimento para uma nação. O custo elevado da escolarização faz da educação um fraco recurso, pois que os países pobres aceitam que um certo número de anos passados na escola servem para educar o homem. Dispende-se mais dinheiro para menos pessoas. Nos países pobres, a pirâmide escolar dos países ricos assume, do ponto de vista estatístico, a forma de um obelisco ou de um foguetão. A escola dá inevitàvelmente aos indivíduos que a frequentam e que em seguida saiem dela, como àqueles que jamais poderão frequentá-la, a prova da sua própria inferioridade. Mas para as nações pobres, o ensino obrigatório é um monumento levantado a uma inferioridade que cada um se inflige a si mesmo. Comprar a impostura que a escolarização representa, é obter um bilhete para o último assento dum autobus que não vai para parte nenhuma.

A escola mergulha as nações mais pobres até ao fundo do «açude educativo». Na América latina, os sistemas escolares são a manifestação fossilizada

de um sonho começado há um século. Em toda
a América latina, a pirâmide escolar construiu-se
de cima para baixo. Todos os países dispendem
mais de 20% dos seus orçamentos nacionais e
quase 5% do seu produto nacional bruto com a
sua construção. Os professores constituem a profissão mais numerosa e os seus filhos compõem
muitas vezes os grupos mais importantes de
estudantes do ensino superior. A educação fundamental é redefinida, já como sendo a base do
ensino, e ela está, por conseguinte, fora de alcance
dos não-escolarizados e dos que saiem da escola;
já como sendo um remédio oferecido aos não-
-escolarizados, que não serão senão pessoas frustradas até que aceitem a sua inferioridade. Mesmo
os países mais pobres continuam a dispender somas
desproporcionadas de dinheiro na construção de
escolas para pós-graduados, nos jardins que adornam
as *pent-houses* dos arranha-céus construídos em
bairros miseráveis.

A Bolívia está no caminho do suicídio, em
razão da sua taxa de escolaridade demasiado grande.
Este país, mediterrâneo, empobrecido e sem saída
para o mar, cria pontes de papel mascado rumo
à prosperidade, dispendendo mais de um terço do
seu orçamento total com a educação pública e um
sexto com as escolas privadas. É 1% da população
em idade escolar que consome a metade deste
esbanjamento educativo. Na Bolívia, a parte do
estudante universitário nos fundos públicos é mil
vezes maior do que a do seu «concidadão» do
ensino secundário. A maioria dos Bolivianos não

vive em cidade, mas sòmente 2% da população rural chega à idade de cinco anos. Esta discriminação foi legalmente sancionada em 1967 pela declaração segundo a qual o ensino primário é obrigatório para todos — lei que coloca a maioria das pessoas em infracção e que faz do resto da população exploradores imundos. Em 1970, os exames de admissão à universidade foram suprimidos a pretexto de igualdade. À primeira vista, a lei segundo a qual todo o diplomado do preparatório tem o direito de entrar na universidade parece ser um avanço rumo à liberdade— até que a gente se dê conta de que menos de 2% dos Bolivianos terminam a escola preparatória.

Talvez a Bolívia seja um exemplo extremo da escolarização na América latina. Mas à escala internacional, o exemplo da Bolívia é um exemplo típico. Poucos países africanos ou asiáticos atingiram o grau de escolarização considerado hoje aqui como adquirido.

*

Cuba é talvez um exemplo no extremo oposto. Fidel de Castro esforçou-se por criar uma revolução cultural de importância. Deu uma nova forma à pirâmide universitária e académica. Mas a pirâmide cubana é ainda uma pirâmide. Não há dúvida que a redistribuição dos privilégios, a redefinição dos objectivos sociais e a participação do povo na prossecução desses objectivos, atingiram em Cuba graus espectaculares desde a revolução. Entretanto, por agora, Cuba mostra que o actual sistema escolar, em condições políticas excepcionais, se pode alargar de modo excepcional. Mas as instituições actuais encontram os limites da sua elasticidade no interior de si mesmas, e Cuba está ao ponto de os atingir. A revolução cubana funcionará dentro destes limites. O que significa sòmente que o doutor Castro inventou um caminho mais rápido em direcção a uma meritocracia burguesa do que o tomado anteriormente pelos capitalistas ou pelos bolchevistas. Por vezes, quando não promete escolas para todos, Fidel Castro faz alusão a um plano de des-escolarização para todos. A ilha dos Pinheiros parece ser um laboratório para a redistribuição de funções educativas a outras instituições sociais. Mas, a menos que os educadores cubanos admitam que a educação-trabalho, efectiva na sua economia rural, possa ser ainda mais efectiva numa economia urbana, a revolução das instituições cubanas não terá lugar. Nenhuma revolução cultural pode ser construída sobre a negação da realidade.

Fidel promete que o ensino secundário se há-de tornar obrigatório em 1980, promete ao mesmo tempo a ultrapassagem radical do sistema universitário. Se ele não se decide a desescolarizar Cuba a partir da base, continua a cultivar no seio da sociedade cubana o mesmo mecanismo de reprodução social que conseguiu emburguesar todas as revoluções europeias dos últimos decénios.

Em nenhum destes dois países — Bolívia e Cuba — se pode esperar que os recursos disponí-

veis para a educação sejam duplicados, e mesmo
que o fossem, isso não seria um progresso. Tanto
o Brasil como Cuba estão à espera de Godot
(recorde-se a peça teatral de Samuel Becket / *N. T.*).
Desgraçadamente, a revolução mais humana e a
revolução mais diabólica parecem rumar para a
mesma tecnocracia, ainda que por caminhos diferentes.
Os Cubanos aceitam que a participação
no trabalho, nas reuniões do partido, na vida da
comunidade arranquem pequenos retalhos ao seu
ano escolar, e eles chamam a isso «educação radical»;
os Brasileiros, esses deixam que os peritos norte-americanos
lhes vendam máquinas de ensinar, que
não fazem senão elevar o custo *per capita* da assistência
às aulas e que, ao mesmo tempo, preparam
o campo para a tortura terapêutica.

A «produção» da inferioridade por meio da
escolarização é mais evidente nos países pobres;
porventura mais dolorosa nos países ricos. Nos
Estados-Unidos, os 10% da população com os
salários mais elevados fazem educar os seus filhos
em instituições privadas. Eles reúnem assim dez
vezes mais de fundos públicos para a educação
do que os 10% mais pobres da população. Na
União Soviética, uma crença mais puritana na
meritocracia faz com que a concentração dos privilégios
escolares sobre os filhos dos «profissionais-urbanos»
seja ainda mais dolorosa.

À sombra de cada pirâmide escolar nacional,
unem-se um sistema internacional de castas e uma
estrutura internacional de classes. Os países têm
castas, cuja «dignidade educativa» é determinada

pelo número médio de anos de ensino de que
gozam os cidadãos. Os indivíduos cidadãos de
todos os países têm uma mobilidade simbólica
através de um sistema de classes que faz com que
cada homem aceite o lugar que crê ter merecido.

O revolucionário político reforça a procura
de escolarização, prometendo em vão que sob a
sua administração, mais saber e mais ganho serão
acessíveis a todos, graças a uma maior escolarização.
Ele contribui para a modernização de uma estrutura
mundial de classes e para uma modernização
da pobreza. A tarefa do revolucionário cultural é
sempre a de vencer a impostura sobre a qual está
baseada a escola e a de esboçar planos para a des-
-escolarização da sociedade.

A razão fundamental de tudo isto é que a
escolarização chega por quintais: o que está abaixo
de um mínimo não serve para nada; e o *quantum*
mínimo traz consigo o preço mínimo. É claro
que, com escolas de qualidade igual, um filho
pobre nunca poderá alcançar o filho rico; nem um
país pobre um país rico. É igualmente claro que
os filhos pobres e os países pobres jamais têm
escolas iguais às dos ricos, mas sempre escolas
mais pobres, — de sorte que eles estarão cada vez
mais atrás, enquanto dependerem das escolas para
a sua educação.

Uma outra ilusão é a que consiste em crer
que a quase totalidade do saber é o resultado do
ensino pròpriamente dito. O ensino pode contribuir
para certos tipos de saber em certas circunstâncias.
O escolarizado que, fortemente motivado,

afronta a tarefa de aprender um novo código, pode beneficiar em larga medida da disciplina que nós hoje associamos às palmatoadas «de um professor de escola à antiga». Mas a maioria das pessoas adquire o essencial da sua experiência, do seu saber e da sua competência, fora da escola, e também na escola, na medida em que num certo número de países ricos ela é o lugar de ajuntamento das crianças durante um tempo muito longo da sua vida.

*

Em resumo, nós podemos dizer que a escola aliena a sociedade; ela reduz o jóvem até fazer dele um objecto do processo de produção; ela interioriza a contabilidade capitalista; ela programa uma fé absurda:

— Aliena a vida quotidiana, monopolizando a educação e extorquindo ao trabalho o seu fruto mais insigne, o que deveria ser a formação contínua do trabalhador e a ocasião constante, para ele, de participar na elaboração do seu próprio meio.

— Inculca a passividade ao aluno, convencendo-o da sua dependência face ao mestre, assim como da sua incapacidade para estimular a aprendizagem nos outros.

— Impõe a medida do valor individual segundo uma escala numérica (de idades escolares).

— Enfim, leva a criança desde a sua juventude «ao consumo» a um só tempo obrigatório e concorrencial — definição lógica do conceito «de absurdo».

A revolução cultural faz tomar consciência
desta ideologia — e elabora os princípios segundo
os quais ela poderia ser ultrapassada.

Trata-se, antes de tudo, de conferir aos
processos sociais a sua função educadora: é preciso
julgar do valor dum lugar de trabalho ou dum
programa de televisão ou dum meio de transporte,
segundo a ocasião que eles oferecem a todos de
adquirir conhecimentos e de encontrar com quem
os discutir de maneira crítica.

Para ultrapassar a dependência face à escola,
nós temos necessidade de leis que interditem a
discriminação, na política dos empregos, baseada
na prévia assiduidade à escola. Uma tal legislação
não excluiria provas específicas de competência,
mas suprimiria a actual discriminação absurda em
favor da pessoa que aprende ou em favor de uma
dada competência adquirida graças a uma grande
despesa de fundos públicos. Uma terceira reforma
legislativa garantiria o direito de cada cidadão a
ter uma parte igual dos recursos previstos para a
educação pública, o direito a verificar a parte que
lhe é feita nestes recursos e o direito de a reclamar
se ela lhe é recusada. Esta terceira garantia impli-
caria efectivamente um «salvo-conduto» nas mãos
de cada cidadão, atribuindo-lhe a sua parte no
orçamento nacional.

Não me prendendo senão ao domínio da
educação, mostrei que uma revolução cultural ou
revolução das instituições depende de uma clarificação da realidade. O desenvolvimento tal qual
se constrói hoje procede exactamente ao invés:

manejamento do meio e manipulação do homem para o encerrar nele.

A revolução cultural é revisão da realidade do homem e redefinição do homem em termos que apoiem esta realidade. Ela é um ensaio para criar um *milieu* e de seguida para o educar com muitas despesas.

Uma Declaração dos direitos do homem, para o homem do nosso decénio, não pode produzir uma revolução cultural. Mas pode servir de manifesto. Esbocei os princípios de uma carta dos Direitos à educação. Estes princípios podem ser generalizados.

O des-estabelecimento da escolarização pode generalizar-se e conduzir, na medida em que os monopólios lhe deixem a liberdade, à satisfação de qualquer necessidade fundamental. A discriminação baseada na escolarização prévia pode generalizar-se e ser estendida de maneira geral à discriminação em tal instituição por sub-consumo ou em tal outra por sub-privilégio. Uma garantia de recursos educativos iguais é uma garantia contra uma obrigação regressiva. Uma lei que vá contra os monopólios da educação não é senão um caso especial das leis que vão contra os monopólios em geral. Leis que são os instrumentos estabelecidos das garantias constitucionais contra o monopólio.

A destruição social e psicológica inerente à escolarização obrigatória não é senão um exemplo da destruição implícita que existe em todas as instituições internacionais que hoje ditam os bens, serviços e bem-estar disponíveis para a satisfação das necessidades humanas fundamentais. Só uma revolução cultural e uma revolução das instituições, que restabeleceriam o controlo do homem sobre o seu meio ambiente, podem contrariar a violência com que o desenvolvimento gradual e graduado das instituições é agora imposto por um certo número de pessoas no seu interesse próprio. Marx disse-o porventura melhor, criticando Ricardo e a sua escola: «Eles querem que a produção se limite a *coisas úteis*, mas esquecem que a produção de bastantes coisas *úteis* teria por resultado bastantes pessoas inúteis».

Ivan ILLICH

V

O PROCESSO
DE ALFABETIZAÇÃO POLÍTICA (*)

Quando aceitei escrever este artigo para *Lutherische Monatshefte*, encarei este tema como um desafio. Havendo-o encarado como um desafio, eu sentia-me obrigado a tomar uma atitude crítica, e não puramente passiva, perante ele.

Uma atitude crítica implica, em contrapartida, uma penetração até à realidade mais íntima do tema, de maneira a desvendá-lo, a trazê-lo cada vez mais à luz. Constituindo a resposta que eu procuro dar ao desafio que aceitei, este artigo será qualquer coisa de inteiramente diferente para o leitor. Vem a ser assim pela razão seguinte: empreendendo um projecto de tal ordem, eu devo empenhar-me num num processo de conhecimento que compreende um objecto cognoscível, eu mesmo que quero conhecê-lo e outros sujeitos cognoscentes, bem como eu próprio.

---

* Paulo Freire trabalha actualmente no departamento «*Educação*» do *Conselho Ecuménico das Igrejas*, em Genebra. O artigo que transcrevemos foi por ele escrito para a revista alemã *Lutherische Monatshefte*, em Outubro de 1970. Traduzimos de IDOC *international*, n.º 40, 15/2/1971, pp. 47-60).

O saber — seria talvez melhor dizer o facto de conhecer, visto que é sempre um processo, um acto — implica uma situação dialéctica. Estritamente falando, não há um «eu penso», mas um «nós pensamos». Não é o «eu penso» que constrói o «nós pensamos», mas, ao contrário, é o «nós pensamos» que faz com que seja possível para mim pensar. Nesta situação gnoseológica, o objecto cognoscível não é o *termo* do saber, que os sujeitos cognoscentes possuem, mas é a sua *mediação*.

O tema que tenho diante de mim e que constitui o centro das minhas reflexões, não é o termo do meu acto de conhecimento: é, antes, o que estabelece uma relação de conhecimento entre mim e aquele que lê o que eu estou prestes a escrever. Todavia, convido os meus leitores a tomarem comigo um papel activo na reflexão e a não serem sòmente «recebedores» passivos da minha análise.

Isto significa que, enquanto escritor, eu não posso ser sòmente o narrador de qualquer coisa que eu consideraria como um *facto dado;* devo ter uma mentalidade crítica, curiosa e sem repouso, constantemente prevenida, consciente também dos leitores que devem refazer o esforço mesmo da minha investigação. A única diferença existente entre mim e os meus leitores, no que concerne o próprio tema, é que, enquanto eu o tenho presente aos olhos do meu espírito, me empenhei no processo de o clarificar e tento melhorar a percepção que tenho dele, os meus leitores, esses, com o mesmo tema na cabeça, ver-se-ão também confrontados com a compreensão que eu tenho deste tema, tal como a exprimi neste artigo.

Manifestamente, isto não diminui o esforço que os leitores devem fazer; de nenhuma maneira se lhes pede que aceitem as minhas análises com docilidade. De certo modo, o seu esforço é maior do que o meu: eles devem ao mesmo tempo penetrar e compreender o tema em si mesmo e a compreensão própria que eu tenho dele.

O facto de ler — na mira de aprender alguma coisa e não sòmente de se divertir — não é um passatempo intelectual mas um acto sério e empenhado através do qual o leitor procura clarificar as dimensões obscuras do objecto do seu estudo. É neste sentido que se pode dizer que ler é re-escrever o que se lê, e não sòmente armazenar na memória o que é lido. Temos de ultrapassar uma compreensão ingénua da leitura e do estudo, compreensão que faz destas duas actividades um acto de «digestão». Na óptica desta falsa concepção — o que eu chamo o conceito «nutricional do saber» (cfr. Jean-Paul Sartre, *Situations I*, Paris, Gallimard, 1959) — as pessoas lêem e estudam a fim de se tornarem «intelectualmente gordas». Daí expressões como «a fome de aprender», «a sede de estudar», «o apetite dos conhecimentos», «beber a sabedoria», etc. É fundamentalmente a mesma visão errada que se encontra na teoria segundo a qual a educação é considerada como uma transferência de conhecimentos. Os educadores são os que possuem o conhecimento, os ensinados, os que aprendem, são como «recipientes vazios» que devem ser enchidos pelo que os educadores possuem. Desde logo, segundo esta maneira de pensar, os que aprendem não têm que pôr questões; eles não têm senão que ser recipientes passivos, onde será vasado o saber detido pelos «instrutores».

Se o saber fosse algo de puramente estático e se a consciência fosse uma espécie de vazio, ocupando um «espaço» no homem, então esta maneira de educação poderia estar correcta. Mas o saber é um *processus* e a consciência é *intencionalidade* em direcção ao mundo.

O saber humano implica uma unidade permanente entre a acção e a reflexão sobre a realidade. Enquanto *presenças* ao mundo, os homens são «corpos conscientes» que transformam este mundo pelo pensamento e pela acção, o que faz com que lhes seja possível conhecer este mundo ao nível reflexivo. Mas precisamente por essa razão, nós podemos assumir a nossa própria presença ao mundo, que implica sempre unidade da acção e da reflexão, como objecto da nossa análise crítica. Desta maneira, nós podemos conhecer o que conhecemos colocando-nos atrás das nossas experiências passadas e precedentes. Quanto mais formos capazes de descobrir por que somos o que somos, tanto mais nos será possível compreender por que é que a realidade é o que é.

Esta possibilidade de exercer a nossa reflexão crítica sobre as nossas experiências precedentes, colocando-nos por trás delas, faz com que nos seja possível desenvolver o que eu chamo «a percepção da última percepção». Em última análise, esta actividade de percepção constitui uma «praxis teórica». Sobre este assunto, é preciso ler a obra extraordinária de Karel Kosik, *Dialectica de lo Concreto*, México, Grijalbo, 1967 (*La Dialectique du concret*, Maspero, 1970).

Acção-reflexão, eis o que devemos fazer — eu e os meus leitores — com respeito, face ao tema deste artigo. No momento em que eu estou prestes a escrever este artigo e no momento em que os leitores estão prestes a ler o que eu estou agora prestes a escrever, nós devemos empenhar-nos numa espécie de análise crítica daquilo a que fiz alusão mais acima. Isto é, devemos ter como objecto da nossa reflexão as nossas próprias experiências ou então as de outros sujeitos no domínio que desejamos compreender melhor. Assim, ser-nos-á possível — em momentos diferentes e não necessàriamente na mesma medida — começar a perceber a significação real do contexto linguístico quando eu digo: o *processus de alfabetização política*.

Nesta frase — *processus* de alfabetização política — a palavra «alfabetização» é utilizada de modo metafórico. Tomando em consideração a presença desta metáfora, parece-me que a melhor maneira de começar a nossa análise, é estudar o fenómeno concreto que torna possível a utilização autêntica de tal metáfora, isto é, discutir, por mais breve que isso tenha de ser, o *processus* de alfabetização dos adultos dum ponto de vista linguístico, aquilo sobre o qual se baseia a metáfora. Isto implicará, do ponto de vista metodológico, algumas considerações preliminares sobre as diferentes maneiras de fazer, existentes no domínio da alfabetização dos adultos, — maneiras que, por seu turno, condicionam as diferentes maneiras de compreender os analfabetos.

No fundo, não há senão dois métodos educativos diferentes, que revelam atitudes específicas face aos iletrados: o primeiro é o da educação com vistas à domesticação do homem; o segundo é o da educação com vistas à libertação do homem (não que a educação por si só possa libertar o homem, mas ajuda esta libertação, conduzindo os homens a adoptar uma atitude crítica perante o seu meio). Depois de haver descrito o primeiro destes dois modos de operar, à luz da minha experiência na América latina, eu exporei a minha maneira de conceber o segundo.

*

Educação para uma domesticação

Esta política educativa — estejam os seus aderentes conscientes dela ou não — tem como centro uma manipulação das relações e das referências entre professores e alunos; estes últimos são os objectos da acção dos primeiros. Os iletrados, enquanto recipientes passivos, têm de ser «enchidos» das palavras que lhes dão os seus instrutores; eles não são convidados a participar de maneira criadora no processo de ensino. O vocabulário que lhes é ensinado, e que deriva do mundo cul-

tural do instrutor, chega-lhes como qualquer coisa
de totalmente «à parte», como algo que não tem
senão muito pouca referência à sua vida de todos
os dias. Como se o binómio linguagem-pensamento
pudesse ser possível isolado, cortado da vida! Ao
mesmo tempo, esta política de educação nunca
toca nas estruturas sociais: é um problema sobre
o qual não há necessidade de fazer investigações.
Ao contrário, eles «mitificaram-no» de diferentes
maneiras, aumentando assim a «falsa consciência»
dos alunos.

Os que encorajam este tipo de política educativa — quer o saibam, quer não — devem mostrar a realidade social numa certa focagem. Os
analfabetos não são convidados a conhecer, não
são convidados a descobrir as causas da sua situação de vida concreta; eles não são convidados a
aceitar a realidade tal qual é ou, noutros termos,
a adaptarem-se eles mesmos a essa realidade. Para
tal ideologia de dominação, tudo o que é verdadeiro
e bom para as elites é verdadeiro e bom para o
povo. Resulta daí uma alienação — que esta
política necessàriamente engendra — e que de
nenhuma maneira se limita aos programas de
alfabetização. A curiosidade, o sentimento de
espanto quando a gente se encontra face à vida
mesma, a capacidade de pensar: tudo isto deve
ser morto.

Os analfabetos devem memorizar, aprender
de cor a fim de repetir, não sòmente as letras, as
sílabas, as palavras que lhes foram apresentadas,
mas também os textos, alienados e alienantes, que

lhes falam de um mundo imaginário. E tudo isto
é feito em nome do homem; isso nunca aparece
pelo que é, a saber, a desumanização do homem.

Ensinar e aprender são considerados como
processos absolutamente distintos: o mestre é
aquele que sabe, e o aluno é aquele que não sabe.
O mestre tem de ensinar e o aluno tem de aprender.
Esta compartimentação hermética entre ensinar e
aprender — recusa da implicação dialéctica do
ensino e da actividade de aprender — reforça a
concepção de um saber e de uma cultura reservados
a uma elite.

Há ainda alguns pontos que é preciso anotar
nesta descrição da «educação com vistas à domesticação». Um desses pontos é «a invasão cultural»
acerca da qual já escrevi *Pedagogy of the Oppressed*
(Herder and Herder, New York, 1970).

Através desta invasão cultural, os professores
— uma vez mais, estejam eles conscientes disso ou
não —, dada a sua falta de respeito pela cultura
dos outros — a cultura popular —, encorajam os
iletrados a adoptarem os modelos culturais burgueses. Levam-nos a admirar os valores burgueses
como sendo superiores, e assim previnem toda a
reacção contra eles. De novo aqui, os analfabetos
são impedidos de ver a realidade pelo que ela é verdadeiramente. A sociedade capitalista burguesa deve
ser considerada, não como uma fase, no decurso
da história humana, mas como a fase última,
imutável, o ponto culminante dessa história. Porque a consideram como permitindo aos homens
desenvolver as suas potencialidades humanas, ela

aparece aos iletrados como uma excelente maneira de viver.

Inversamente, os educadores — e outros com eles — consideram os analfabetos do Terceiro--Mundo como seres humanos «marginais», — não no sentido de pessoas que a sociedade da abundância *(affluent society)* irradiaria do seu centro, mas, no seio da perspectiva muito restrita da mentalidade burguesa ocidental, no sentido de pessoas que escolhessem viver à margem desta «boa vida». Desde logo, um dos primeiros cuidados desta política de educação e de tudo o que ela arrasta consigo, é o de «recuperar» os pobres, os doentes, aqueles que não são privilegiados. Noutros termos, esta ideologia entende mudar os homens sem mudar as estruturas sociais.

Seria ingénuo esperar que as elites no poder procurem desenvolver e prosseguir uma forma de educação que ajudasse as pessoas a enfrentarem os problemas sociais de maneira crítica.

O que daí resulta, é a impossibilidade de uma educação neutra. (Já escrevi abundantemente sobre este assunto em *Cultural Action for Freedom*, Center for the Study of Development and Social Change, e em *The Harvard Educational Review*, 1970.) Por «educação neutra», eu não quero dizer que os educadores não deveriam respeitar o direito dos seus alunos a escolher e a aprender como escolher escolhendo presentemente. Eu penso sòmente que a educação não pode visar senão, ou a domesticação, ou a libertação. Não há terceira via.

Na educação para a libertação, o instrutor convida o aluno a conhecer, a descobrir a realidade de maneira crítica. Assim, enquanto a educação com vistas à domesticação procura consolidar a falsa consciência de maneira a facilitar a adaptação à realidade, a educação para a libertação não consiste sòmente em impor a liberdade. A razão disso é a seguinte: enquanto no primeiro processo, há uma dicotomia absoluta e rigorosa entre os que manipulam e os que são manipulados, no segundo processo, não há sujeitos que libertam e objectos que são libertados; não há dicotomia. O primeiro processo é de natureza prescritiva; o segundo, de natureza dialogal. O primeiro concebe a educação como o dom activo e a recepção passiva de ideias entre duas pessoas; o segundo concebe o facto de aprender como um processo activo tendente à transformação do meio do aluno, transformação que começa precisamente por este último.

Assim, do ponto de vista da libertação, o processo de alfabetização é um acto de conhecimento, um acto criador, no qual o iletrado, tanto como o seu instrutor, exerce o papel de sujeito cognoscente. Os iletrados não são considerados como «recipientes vazios» ou como simples recipientes. Não são considerados como marginais que devem ser recuperados, mas como homens que são impedidos de ler e de escrever pela sociedade na qual vivem, homens dominados, privados do seu direito de transformar o seu próprio mundo. Assim, enquanto na educação-domesticação, são os educadores que escolhem o vocabulário, na educação

libertadora são os próprios iletrados que o escolhem,
fazendo a investigação do que eu chamo «o universo
linguístico mínimo» (cfr. o meu livro: *Educação
como Prática da Liberdade*, Paz e Terra, Rio de
Janeiro, 1967).

Se tornamos agora ao problema da alfabetização política, parece-me que o nosso ponto de partida deve ser uma análise do que é um analfabeto político e do que constitui um processo de alfabetização política.

Se, do ponto de vista linguístico, um analfabeto é alguém que não pode ler nem escrever, um analfabeto político — quer ele saiba ou não ler e escrever — é alguém que tem uma percepção ingénua das relações dos homens e do mundo, uma inteligência ingénua da realidade social. Para ele, o real é um facto dado uma vez por todas, qualquer coisa que é o que é e que não se vai transformando. Tem tendência a fazer pouco caso da realidade, perdendo-se ele mesmo em sonhos abstractos a respeito do mundo. Agindo assim, ele esquiva-se às suas responsabilidades históricas. Se é um cientista, tenta esconder-se por trás do que chama a neutralidade da sua investigação científica. Mas, abandonando o mundo objectivo, ele não faz outra coisa senão contribuir para a preservação do *status quo* e para a manipulação desumanizante do mundo que recusa.

Se esse homem é também cristão, estabelece uma dicotomia entre a «mundanidade» e a transcendência — outra maneira de escamotear a objectividade. A sua concepção da história é, por conseguinte, puramente mecanicista e, por vezes, ao mesmo tempo fatalista. Para ele, a história pertence sòmente ao passado; não é o que evolui hoje, ou o que evoluirá amanhã. O presente é qualquer coisa que deve ser normalizada, e o futuro, pura repetição do presente, deve ser também normalizado, isto é, o *status quo* deve ser mantido.

Por vezes, o analfabeto político percebe o futuro como não sendo exactamente a repetição do presente, mas como algo de pré-estabelecido, de dado antecipadamente. Mas uma e outra concepções são concepções «domesticadas»: uma sujeita o futuro ao presente, o qual deve repetir-se; a outra reduz aquele a qualquer coisa de inevitável. Uma e outra recusam o homem e, por consequência, recusam a história, pois que sem o homem não há história. Mas ambas estas concepções não mostram qualquer espécie de esperança; a primeira é reaccionária, a outra é uma das deformações mecanicistas do pensamento marxista.

O analfabeto político, sentindo a sua impotência diante da irracionalidade de um mundo alienado e alienante (ver o meu livro *Cultural Action for Freedom*), procura um refúgio na falsa segurança do «subjectivismo», ou dá-se inteiramente ao activismo. Em qualquer dos dois casos, não compreende os homens como presenças ao mundo, como seres da praxis, isto é, de reflexão e de criação.

A dicotomia existente entre teoria e prática, a validade sensatamente universal de um saber isento de todo o condicionamento histórico, o papel da filosofia como explicação do mundo e como instrumento da sua aceitação, a educação concebida como uma pura exposição de factos e como a transmissão duma herança de «castos» conhecimentos: tudo isto caracteriza a consciência ingénua do analfabeto político. Ideologizada no quadro de uma domesticação, tal consciência não chegará sequer ao idealismo objectivo da *Fenomenologia do Espírito* de Hegel, onde a praxis aparece como a acção transformante que os homens exercem sobre o mundo e como a sua própria formação — muito embora a praxis em Hegel não seja senão uma actividade puramente mental.

Uma tal ideologia nunca será capaz de compreender a impossibilidade da teoria sem a prática, do pensamento que não seja uma acção de transformação do mundo; agarra-se ao saber pelo saber, a uma teoria que outra coisa não faz senão explicar a realidade, e a uma educação neutra.

E quanto mais a consciência ingénua do analfabeto político se torna sofisticada, tanto mais ela se torna refractária a uma inteligência crítica da realidade. Desde logo, é por vezes mais fácil discutir a relação homem-mundo ou a dicotomia entre trabalho manual e trabalho intelectual com um camponês latino-americano, do que com um intelectual polìticamente iletrado. O intelectual afirmará que a diferença fundamental existente entre si e o camponês reside na possibilidade, que é sua, de reagir à manipulação porque ele sabe, ao passo que o camponês é um ignorante. Assim, para ele, a capacidade do camponês para se compreender e se exprimir por si mesmo, não teria por único resultado senão demonstrar-lhe a sua inferioridade intelectual. (Ver também Albert Memmi, *The Colonizer and the Colonized*, Beacon Press, Boston).

Penso que tudo isto lança uma luz considerável sobre a minha afirmação: a expressão metafórica «alfabetização política» revela a ausência de compreensão crítica ou dialéctica no homem que encara as suas próprias relações com o mundo. E penso naturalmente que todo o educador, seja qual for o domínio da sua especialização, colocará o acento e imporá aos seus estudantes, ou uma consciência falsa, ou uma consciência crítica.

*

Educação libertadora

Gostaria agora de discutir, de modo muito geral, a maneira segundo a qual, na minha opinião, a educação deveria ser orientada. Dum ponto de vista crítico, uma educação que desmitologize a realidade faz com que seja possível, tanto ao mestre como ao aluno, ultrapassar o analfabetismo político.

Deixem-me dizer de novo que a teoria ou a prática da educação concebida como pura transfeferência de um saber que outra coisa não faz senão descrever a realidade, bloqueará a emergência da consciência crítica e reforçará, por conseguinte, o analfabetismo político. Devemos ultrapassar este tipo de educação, e substituí-lo por um outro tipo, no qual, conhecer a realidade e transfor-

mar a realidade serão questões recíprocas. Desta
maneira, a educação em vistas duma libertação,
enquanto praxis autêntica, é simultaneamente um
acto de conhecimento e um método para a transformação que os homens devem exercer sobre a
realidade que procuram conhecer. Assim, a educação ou a acção cultural em vistas de uma libertação, é uma praxis social; ela faz-se e refaz-se
por si mesma no processo autêntico da sua própria
existência.

Há um ponto de uma importância considerável
que deve ser esclarecido aqui, se se quer ultrapassar
a prática educativa «domesticadora». A educação
libertadora é impossível por tanto tempo quanto
o educador retiver pedaços de ideologia burguesa.
Enquanto o educador burguês é «unilateralmente»
o mestre daqueles que aprendem dele, o educador
libertador deve morrer como educador «unilateral»,
de maneira a renascer como aluno-mestre dos seus
mestres-alunos. Sem esta morte mútua e este renascimento, é impossível uma educação libertadora.

Isto não significa naturalmente que o educador
desapareça enquanto presença «indutiva»: a educação, quer se trate de um instrumento ideológico
para a preservação do *status quo*, quer se trate de
um método para conhecer e transformar a realidade,
implica sempre indução. Mas na educação libertadora, a indução inicial cede pouco a pouco o passo
à síntese, na qual o aluno-mestre e o mestre-aluno
se tornam os sujeitos reais do mesmo processo.

O educador deve realizar bem que, no
momento em que ele começa a empenhar-se neste

processo, ele mesmo se prepara para morrer. Não
é senão mediante esta «morte» — que só ele pode
assumir — que são possíveis o seu renascimento
como aluno e o renascimento dos alunos como
educadores. O educador é alguém que vive a
significação profunda da Páscoa.

Essa passagem, de que a educação burguesa
é incapaz por sua própria natureza, é revolucionária e humanista. Desde logo, um dos erros mais
trágicos das sociedades socialistas — à excepção da
China, através da Revolução cultural, e de Cuba,
sob numerosos aspectos — é o seguinte: elas não
foram capazes de ultrapassar o carácter domesticador da educação burguesa, pela prática libertadora da educação entendida como praxis social.
Elas confundem a educação socialista com a reducção do pensamento marxista a «pílulas» que as
pessoas devem «engulir». Caem, desta feita, na
mesma prática educativa «nutricional» que caracteriza a sociedade burguesa.

A ideologia «socialista-burguesa» subsiste numa
sorte de idealismo estranho, cujo efeito se configura
como segue: uma vez realizada a transformação da
sociedade, um mundo bom é automàticamente
criado, e este mundo bom já não tem doravante
que ser posto em questão. Os educadores, em e
para este mundo bom, adoptam então a política
educativa do «bom mundo burguês». As relações
que eles estabelecem com os seus alunos, são relações
verticais, tal como na prática burguesa. O objecto
cognoscível é qualquer coisa que se encontra em
sua posse; não é um objecto de mediação entre

mestres e alunos. Eles separam o facto de ensinar do facto de aprender, e dividem o mundo entre os que sabem e os que não sabem, isto é, os que trabalham (cfr. Jean Daubier, *Histoire de la révolution culturelle prolétarienne en Chine*, Maspero, 1970).

Perpetuando, assim, a educação como instrumento de controlo social — cfr. os ensaios de Ivan Illich, CIDOC, Cuernavaca, México, e o meu livro *Cultural Action and Conscientização*, CICOP, Washington, 1970 — eles esquecem uma declaração importante de Marx na sua terceira tese sobre Feuerbach: «O educador tem necessidade, ele mesmo, de se educar». Os mitos burgueses que eles introduziram, impedem-nos de pôr em prática este aviso. Desta maneira, os Estados socialistas reforçam o analfabetismo político, utilizando um procedimento educativo que priva o pensamento de toda a base dialéctica.

Há um outro ponto que eu devo esclarecer, de contrário correria o risco de ser mal compreendido. Quero falar do papel da consciência no processo de educação libertadora. Dum ponto de vista dialéctico, eu não aceito a dicotomia ingénua existente entre consciência e mundo. A subjectividade e a objectividade estão tão embricadas, compenetram-se tão profundamente que é impossível falar de «a incarnação da subjectividade na objectividade» (Ernani Maria Fiori: *Education and Conscientização*, CICOP, Washington, 1970). Se quebramos esta dialéctica, caímos tanto nas ilusões do idealismo (subjectivismo) como nos erros do objectivismo. «Há duas maneiras de cair no idealismo: a primeira consiste em dissolver o real na subjectividade, a segunda em recusar toda a subjectividade verdadeira no interesse da objectividade» (Jean-Paul Sartre).

Desde jé, a palavra portuguesa *conscientização* —o nome que eu dou ao processo pelo qual os homens se preparam para se inserirem, eles mesmos, de maneira crítica numa acção de transformação—, esta palavra não deve ser compreendida como um sinal de idealismo.

O que nós tentamos fazer no processo de conscientização, não é atribuir à consciência um papel de criação, mas, ao contrário, reconhecer o mundo «dado», estático, como um mundo «dante», dinâmico. Desde logo, a conscientização implica a clarificação, que jamais tem fim, do que está «escondido» nos homens que agem no mundo sem reflexão crítica. Se os homens não aproximam o mundo de maneira crítica, a sua aproximação é ingénua. Noutros termos, não adoptam uma atitude epistemológica em relação ao mundo, não o assumem como objecto da sua capacidade de saber criador.

Sei bem que a conscientização, ao implicar uma reflexão crítica sobre o mundo tal como ele devém e ao anunciar um outro mundo, não pode fazer abstracção de uma acção de transformação, de maneira a permitir que esta predicção se concretize.

Sei bem que não é senão mediante esta acção, que é realmente possível aos homens criar o mundo que se anuncia nesta crítica.

Sei bem que a ultrapassagem de uma percepção ingénua da realidade por uma percepção crítica, não é suficiente por si mesma para a libertação do homem. Eu sei muito bem que o carácter teleológico da conscientização faz apelo a uma praxis real.

Mas eu sei também muito bem que a conscientização, na própria revelação de tudo o que há de opaco nos bastidores da consciência, constitui um instrumento importante para uma acção transformante do homem sobre a realidade, que portanto começa pouco a pouco a ser desvendada, a ser trazida à luz nas suas dimensões «escondidas».

«Uma vez dadas as profundezas mesmas em que a consciência crítica foi absorvida, «igualizada» pela sociedade da abundância, a libertação da consciência de toda a manipulação e de todo o doutrinamento que lhe foram impostos pelo capitalismo, torna-se uma tarefa essencial e um preâmbulo necessário. O desenvolvimento, não de uma consciência de classe, mas da consciência sem mais, liberta de todas as deformações que ela sofreu, aparece como sendo a condição prévia fundamental de uma mudança radical. E, na medida em que a repressão foi praticada e se estendeu à população inferior toda inteira, a tarefa intelectual, a tarefa da educação e da discussão, a tarefa que consiste em arrancar não só o véu tecnológico mas também todos os outros véus por trás dos quais operam a dominação e a repressão: todos estes factores «ideológicos» devêm os factores muito materiais das transformações radicais.» (Herbert Marcuse, «The Obsolescence of Marxism», *Marx and The*

Western World, Nicholas Lobkowicz, University of Notre Dame Press, 1967, p. 417).

A consciência não está baseada sobre uma consciência *aqui* e um mundo *acolá*, e ela nunca tenta fazer uma tal distinção. Ao contrário, ela está baseada na correlação da consciência e do mundo.

Assumindo esta correlação como objecto da sua reflexão crítica, os homens iluminarão as dimensões opacas do mundo que emerge à medida que se aproximam dele. Desde logo, o estabelecimento da nova realidade que a crítica passada faz aparecer, não pode esgotar o processo de consciência. A nova realidade será objecto de uma nova reflexão crítica. Considerar que o processo desta nova realidade não deve, por sua vez, ser posto em causa, é uma atitude tão ingénua e reaccionária como a atitude que consiste em defender o carácter imutável da antiga realidade.

A consciência, enquanto atitude crítica dos homens na história, jamais conhecerá fim. Se os homens continuam a «aderir», a «coser-se» com um mundo «todo feito», serão imergidos numa nova «opacidade».

A consciência, que se produz num dado momento, deve prosseguir-se no momento que segue, no decurso do qual a realidade transformada faz aparecer novos perfis.

Desta maneira — permitam-me que o repita — o processo de alfabetização política, tanto como o da alfabetização linguística, pode servir, quer para a domesticação, quer para a libertação dos homens. No primeiro caso, de nenhuma maneira é possível o exercício da conscientização; no segundo, é ele próprio a conscientização. Desde já se compreende a significação profundamente desumanizante do primeiro, e o esforço humanizante do segundo.

Paulo FREIRE

VI

O PENSAMENTO DE MAO TSÉ-TUNG E A «REVOLUÇÃO CULTURAL» (*)

(Se a *Revolução* quer ser justa e verdadeira, ela não pode confinar-se nos domínios militar, político e económico; tem de atingir a própria *Cultura*; só nesse caminho poderá haver Libertação total)

O domínio da cultura, no sentido mais exacto do termo, o mais complexo, o menos conhecido e o menos compreendido no Ocidente, é também o domínio decisivo na luta entre as duas vias. Sobrepõe-se, aliás, a todos os outros domínios, uma vez que diz respeito aos problemas da juventude, do ensino, da arte e dos intelectuais no sentido chinês do termo. Mais do que qualquer outro, ele compromete o futuro, porque são as ideias que conduzem o mundo. Na China, a cultura, a educação, a própria arte nunca deixaram de ter um motivo; directa ou indirectamente, comportaram sempre uma dimensão ou uma significação políticas. Acontece o mesmo hoje. Assim, o problema de fundo é, aqui, único e simples: é o da formação

---

* Capítulo extraído do livro de Jean GOLFIN: *La Pensée de Mao Tsé-Toung*, Privat, éditeur, Toulouse, 1971, pp. 119-130.

de intelectuais proletários e duma juventude educada, capaz de continuar verdadeiramente a revolução. Para Mao Tsé-tung, esta qualidade, sendo de natureza política, deve ter a primazia sobre a competência, cuja aquisição também deve promover, com tanto mais energia quanto se trate de servir o povo e os povos revolucionários do mundo. O meio para atingir este fim foi estabelecido desde Maio de 1939, num artigo de Mao Tsé-tung sobre o «Movimento do 4 de Maio», um passo do qual constitui sempre a directiva fundamental para a revolução da frente cultural.

«Para determinar se um intelectual é revolucionário, não revolucionário ou contra-revolucionário, há um critério decisivo: é o de saber se ele se quer unir e se efectivamente se une às massas operárias e camponesas. Só isso constitui a linha de demarcação, e não o palavreado sobre os três princípos do povo ou sobre o marxismo. *O verdadeiro revolucionário é aquele que quer unir-se e se une efectivamente às massas operárias e camponesas*» ([1]).

Fixar-nos-emos em três problemas: a política para com os intelectuais, que apresenta um carácter geral, o ensino e a juventude, a arte.

1. — A Política para com os Intelectuais

Desde sempre Mao Tsé-tung se inquietou com este meio variado dos intelectuais, de quem desconfia e sente ao mesmo tempo o atractivo. A sua

---

([1]) *Oeuvres choisies de Mao Tsé-Toung*, II, pp. 256-257.

política geral foi exposta na sua «Intervenção na Conferência Nacional do Partido Comunista Chinês sobre o trabalho de Propaganda», de que já falámos e que é hoje invocado como dourina de base.

Segundo os seus próprios princípios, Mao Tsé-tung começa por fazer uma análise da situação *política* dos intelectuais — que em 1957 ele calculava serem cerca de 5 milhões — primeiro em relação ao novo regime, em seguida ao marxismo. Em relação ao novo regime, classifica os intelectuais em duas categorias: a grande maioria, mais de 90%, são *patriotas* e amam a China Nova, embora alguns de entre eles se mostrem insatisfeitos e mesmo cépticos acerca do futuro; a ínfima minoria, menos de 3%, é francamente *hostil* ao novo regime e sempre que tem ocasião disso, fomenta agitações para derrubar o Partido e voltar ao passado. Em relação ao marxismo, a situação é mais complexa. Um pouco mais de 10% dos 5 milhões conhecem-no relativamente bem e adoptaram-no de maneira firme e resoluta. A imensa maioria dos 90% restantes são homens de boa vontade, que aprovam o marxismo sem todavia o conhecerem; também se tornam hesitantes e vacilam, logo que uma dificuldade um pouco importante se lhes apresente. Enfim, a ínfima minoria nestes 90% tem uma atitude hostil. E Mao Tsé-tung diz imediatamente que ninguém pode mudar esta hostilidade em benevolência pela força, porque pelo menos para alguns dos opositores, há questões de princípio que estão comprometidas: um idealista pode aceitar uma política económica, mas recusa a visão do mundo marxista; um deísta também se opõe ao nosso ateísmo. Deste ponto de vista, acreditar que a força fará alguma coisa nesta situação, não faz nenhum sentido. Não se impõem ideias; antes, convence-se.

Sendo esta a situação dos intelectuais, é indubitável que a sociedade nova tem necessidade deles. Pertencem-lhe aliás, são, como os operários e os camponeses, mas *depois* deles, uma categoria desta sociedade que têm de servir como serviram, ontem, a antiga sociedade. Este serviço, além disso, é tanto mais importante quanto tem necessàriamente um alcance educador. «Os intelectuais são também educadores», através da imprensa, da escola ou de qualquer outro meio. Por conseguinte, o seu primeiro dever é começar por *se educarem a si próprios*, quer dizer, mudar de visão do mundo como qualquer pessoa. Não pertence, com efeito, aos intelectuais educarem segundo a sua própria concepção das coisas, mas, antes, segundo a concepção nova. Aí está a verdadeira dificuldade, porque os intelectuais, aos olhos de Mao Tsé-tung, são pessoas superficiais e pretenciosas. Eles crêem-se sábios, porque leram alguns livros; estão cheios de orgulho e de arrogância. Mas na luta quotidiana têm uma atitude oposta à dos operários e dos camponeses. Estes permanecem firmes, a sua posição é clara e nítida; aqueles são vacilantes, a sua posição é equívoca. E como a China conhece mudanças rápidas, não as acompanham; mesmo aqueles que já começaram a mudar, devem continuar a aprender, a assimilar tudo o que é novo e

inédito. «A menos que se desembaracem de tudo
o que é corruptor, os intelectuais não saberiam
educar os outros», sublinha Mao Tsé-tung. E aqui,
ele atinge algo de capital. Muito frequentemente,
com efeito, os intelectuais têm uma «bagagem»,
possuem mil conhecimentos e o seu espírito é
vivo, subtil, hábil, mas nada disto penetra o seu
interior, nada disso os transforma em profundidade.
Para muitos de entre eles, a cultura é um *ter*, cuja
exposição fazem na discussão; não é um *ser* que
transforme a sua vida. O diagnóstico é talvez
severo. É preciso reconhecer que é justo, e não
só para os intelectuais chineses, mas para todos os
intelectuais do mundo, ou pelo menos, para uma
grande parte. Para Mao Tsé-tung, o defeito da
sua cultura é ser puramente livresca. Ora, há mil
coisas e importantes, que não se podem aprender
senão no contacto com os homens reais, operários,
camponeses e alunos nas escolas, numa palavra,
no contacto com todos aqueles que duma maneira
ou doutra se educa. Quer dizer que, para os intelectuais, não se trata de se educarem *antes* de ensinar,
mas, sim, de se educarem ensinando. Espera-se
deles que consintam nisso livremente e, nesta mesma
medida, o Partido ajudá-los-á. Como?

A resposta é simples. Os intelectuais devem
servir o povo. É preciso, pois, que eles o conheçam,
que conheçam a sua vida, o seu trabalho, a sua
mentalidade. Para isso, só há um método: entrar
em contacto com o povo, e já não ficar separado
dele. Este contacto, aliás, pode revestir várias
formas: pode-se ir dar uma volta numa fábrica

ou no campo, pode-se permanecer aí vários meses, pode-se também viver aí mais tempo, «dois ou três anos, ou mesmo mais», o que se chama «estabelecer-se». Manifestamente, esta última forma tem os favores de Mao Tsé-tung e adivinha-se fàcilmente a sua razão: «Os conhecimentos adquiridos pelos intelectuais nos livros ficam incompletos, até muito incompletos, enquanto não estão ligados à prática». É preciso estudar nos livros, porque aí recolhe-se a experiência dos antigos, mas isso não basta, é preciso estudar também a *realidade presente*, é preciso sobretudo estabelecer relações de amizade com o povo e isso não é algo de fácil. Porque estabelecer relações de amizade com o povo, é falar a sua linguagem, é ver as coisas como ele as vê, é ter com ele a *mesma concepção do mundo*. Em cada ramo do conhecimento, pode e deve haver múltiplas escolas de pensamento que o enriqueçam, mas em relação à concepção do mundo, só há dois «ramos»: a concepção burguesa ou a concepção proletária. E Mao Tsé-tung conclui pela definição precisa da sua política: «Se os intelectuais não rejeitam o que é antigo para adoptar a concepção proletária, serão sempre diferentes dos operários e dos camponeses pelo seu ponto de vista, pela posição que tomam e pelos seus sentimentos; não quadrarão com eles e estes não lhes abrirão nunca o seu coração». Assim, para os intelectuais, a via é estreita, mas tem o mérito de ser clara. No entanto, Mao Tsé-tung insiste no facto de que esta reeducação é um processo longo que exige paciência, porque não pode ser obtida nem pela força nem

por uma discussão de um dia. Com a participação
no trabalho físico e na luta social, o grande meio
da reeducação é a *crítica*. É pela crítica que, neste
domínio da ideologia, o marxismo triunfará e
demonstrará a sua superioridade, é pela crítica que
ele destruirá a ideologia contrária. É preciso
sublinhá-lo agora, porque é um ponto em que o
Ocidente comete, sem dúvida, o maior erro.
«Nada de construção, sem destruição», diz muitas
vezes Mao Tsé-tung. Este axioma só tem sentido
para ele no reino do pensamento: é o axioma da
crítica. A crítica é uma destruição de ideias e, no
pensamento do Presidente, nunca foi questão duma
destruição material que não tem nenhum interesse.
Mao Tsé-tung quer dizer muito precisamente, que
a adopção duma concepção do mundo só pode
fazer-se sobre as ruínas da concepção oposta.
Há duelo aqui, mas como no-lo dizia um Guarda
Vermelho, é um *duelo de inteligência* e a crítica, é o
ataque do inimigo ideológico ou, antes, da ideologia
inimiga, não da pessoa. É por isso que o Pensamento de Mao Tsé-tung é chamado uma «arma».
A crítica opera por ele; consiste em mostrar que
tal posição intelectual expressa numa obra ou numa
peça de teatro, por exemplo, é *contrária* a este
Pensamento, e por consequência, má, perniciosa.
É preciso arrancá-la como se arranca uma erva
venenosa. «A condição dos intelectuais na China
não é fácil», dizia-nos este mesmo Guarda Vermelho.
Não só devem ligar-se efectivamente às massas
populares, mas tudo o que eles fazem ou escrevem,
expõe-se ao ataque pela crítica.

2. — A Juventude e o Ensino

O juízo que Mao Tsé-tung faz acerca da juventude, é semelhante ao que faz acerca dos intelectuais. Certamente, ela possui imensas qualidades; ardente, entusiasta pela sociedade nova, ela é a mais activa na luta contra o passado e os seus seguidores; e, de qualquer maneira, o futuro pertence-lhe. Mas é fraca e vacilante; influenciável, é falha de solidez nas suas posições porque, nascida depois da guerra, não foi mergulhada na vida rude e difícil dessa época heróica. Como não conheceu de modo nenhum as misérias do passado, crê que as coisas aparecem sem dificuldade, deixa-se ir na tentação do bem-estar. A origem de classe não tem influência nenhuma nisso, e quer se seja filho de operário ou de componês, a menor instrução que se pôde receber e a influência da antiga civilização predispõem, antes, para uma vida de facilidade. Numa palavra, a juventude é o meio favorável à eclosão do espírito «pequeno-burguês». Também tem necessidade de se reformar pelo único meio eficaz da participação nos movimentos revolucionários e da integração no povo.

Pela sua parte, o ensino tem por fim principal formar «sucessores da revolução», que tenham um espírito proletário e uma competência real, em que aquele tenha a primazia e dirija esta. Assim, a preparação para a participação na prática e para a aquisição de competências, está no centro do problema da reforma do ensino. Inaugurada mesmo no começo da Grande Revolução Cultural Proletária, esta reforma deu lugar a um número considerável de artigos nos jornais chineses, e seria preciso um livro inteiro para expor os seus pormenores. É, no entanto, orientada por uma directiva do Presidente Mao de 7 de Maio de 1966 e, por esta razão, conhecida como a directiva «7 de Maio»:

«A tarefa principal dos estudantes é estudar. Mas para além dos seus estudos, devem também aprender outras coisas, o trabalho industrial, o trabalho agrícola e as coisas militares. Devem também criticar a burguesia. O tempo escolar deve ser abreviado, a educação revolucionada e a dominação das nossas escolas pelos intelectuais burgueses deve acabar».

Depois, em Agosto de 1968, diante da dificuldade que há em realizar a directiva, equipas formadas de operários, de camponeses, no meio rural, e de militares entram nos estabelecimentos de ensino para tomar a direcção da reforma. A medida caucionada pelo Presidente, é a ocasião duma segunda directiva:

«Para levar a cabo a revolução proletária no ensino, é preciso que ela seja dirigida pela classe operária, é preciso que as massas operárias tomem parte nela e realizem, em colaboração com os combatentes do Exército de Libertação, a tripla união revolucionária com os elementos activos que, entre os alunos, os professores e os trabalhadores das escolas estão decididos a prosseguir esta revolução até ao fim. As equipas operárias de propaganda permanecerão por muito tempo nas escolas,

participarão aí em todas as tarefas da luta-crítica-
-transformação e dirigirão para sempre as escolas».

Entre mil experiências então tentadas, a da
fábrica de Máquinas-Utensílios de Shangai que forma
o seu pessoal técnico a partir dos operários, é tomada
a cargo por Mao Tsé-tung. Tem lugar, então,
a terceira grande directiva:

«Os estabelecimentos de ensino superior são
necessários; por isso, eu entendo principalmente as
escolas científicas e técnicas. Todavia, é preciso
reduzir a escolaridade, conduzir a revolução no
ensino, colocar a política proletária no lugar de
comando, e servir-se da via utilizada pela Fábrica
de Máquinas-Utensílios de Shangai que forma o
seu pessoal técnico a partir das fileiras dos operários.
Os estudantes devem ser escolhidos entre os operários e os camponeses que têm experiência prática;
depois de alguns anos de estudos, voltarão à prática
da produção».

Enfim, em meados de 1970, a equipa operária
e militar que se encontrava na grande Universidade
de Pequim Tsinghua publica o que se pode considerar como o diploma do ensino superior e mesmo
do ensino em geral [1].

Primeiro e antes de tudo, as escolas são dirigidas pela classe operária, isto é, pelo Partido,
e não pelos próprios professores. Esta direcção
consiste essencialmente em *criticar* e em *fazer*

---

[1] «Luttons pour l'établissement d'une Université
scientifique et technique socialiste», *Drapeau Rouge*, 1970,
n.º 8, pp. 5-19. Cf. «Pékin-Information», 31 de Julho de 1970.

criticar as ideias burguesas que exrecem uma função corruptora entre os alunos e os professores. Mas isso não é uma tarefa temporária: é uma actividade que integra o próprio ensino, o segue, por assim dizer, e lhe dá pouco a pouco a sua forma nova. Porque, alunos e professores, devem desempenhar aí um papel de maneira contínua. Dirigir, com efeito, não é, nem fazer tudo por si mesmo, nem impor-se por métodos brutais, mas é ligar a si e animar. Neste quadro fundamental, o grande problema é o do *corpo docente*. O princípio, aqui, é que ele deve ser formado, em parte, de operários ou de camponeses ou de soldados tomados a tempo pleno ou a tempo parcial, por outra parte, de técnicos, e em grande parte, de antigo pessoal que ajudarão ao mesmo tempo a reformar-se pela participação na prática revolucionária. E isto é possível, ligando intrìnsecamente o ensino e a vida, de tal maneira que a escola, inserida na sociedade, viva ao mesmo ritmo que ela. Esta inserção faz-se de três maneiras. O estabelecimento como tal cria, ou uma herdade experimental, ou uma pequena fábrica, ou um campo de construções; organiza cursos e estágios para os operários, lança inquéritos sociais, empreende investigações científicas segundo as necessidades da produção. Organiza os seus laboratórios, se os há, nesta mesma óptica. Enfim, estabelece contactos com fábricas, de maneira a constituir como que uma rede.

Este sistema introduz uma refundição do conceito de «escola». Esta torna-se uma unidade em que o ensino, a investigação e a produção se combinam e fortalecem. A fábrica, que o estabelecimento dirige, trabalha segundo um plano que toma em consideração estas três necessidades, fabricando produtos típicos, variados e de nível avançado. Ao mesmo tempo, assegura um certo volume de produção e deixa uma margem para a investigação e para a produção experimental. Por outro lado, alunos e professores vão também trabalhar numa fábrica que corresponde à sua especialidade. Aqui, a produção conduz o estudo da tecnologia correspondente, os operários participam no ensino, os professores dão cursos e participam na produção, os estudantes trabalham e estudam. «Todas as disciplinas devem combinar estas três formas e, sobretudo, voltar-se para a sociedade e praticar a cooperação fábricas-escolas». E é assim que a escola se torna útil à construção da sociedade socialista e que, em compensação, as exigências desta construção lhe permitem renovar, sem cessar, o conteúdo do seu ensino.

No que diz respeito aos estudantes, eles são recrutados entre os operários, camponeses e soldados com idade de 20 anos, que têm uma experiência suficiente do trabalho produtivo e um nível de cultura correspondente ao secundário; alguns velhos operários e camponeses são admitidos sem condições especiais. O ciclo de estudo é reduzido; desenrola-se em 2 ou 3 anos, mais um estágio complementar de um ano. Além disso, a Universidade encarrega-se da direcção de estágios diversos no seio da escola ou fora dela, desde a formação de operários ao emprego de técnicos, de engenheiros e de investigadores, e dum ensino popular. Mas um problema difícil permanece: o dos manuais. O princípio directivo é o que já encontrámos: a utilização crítica dos manuais estrangeiros, combinada com a síntese das descobertas e invenções chinesas, deve permitir, com o tempo, criar manuais novos, adaptados à China e aos seus problemas. Quanto aos métodos de ensino, já não são livrescos, nem autoritários. Utilizam sobretudo a discussão, porque «o papel dos professores consiste em desenvolver a aptidão dos estudantes para reflectirem e fazerem investigações independentemente, e para se entregarem à prática». Segundo as matérias e o período, pôr-se-á mais o acento sobre a prática ou sobre a elevação do conhecimento teórico, mas sempre em ligação com a prática. Os exames serão mantidos, mas ainda faltam os pormenores sobre este ponto. Enfim, os estudantes uma vez diplomados voltarão, na sua imensa maioria, ao trabalho. O ensino não tem por fim formar uma nova classe de peritos e de burocratas, mas competências que irão servir imediatamente a construção socialista, nos lugares onde esta tem mais necessidade delas. Notemos aqui, de passagem, que os diplomados de 1966, 1967 e 1968 (houve-os) foram todos enviados, ou para fábricas ou, na maioria, para equipas de produção rural, herdades de Estado, ou para regiões de ponta, por um tempo parece que indefinido.

Estes princípios interessam também ao ensino primário e secundário — escusado será dizer — com as adaptações necessárias. Foi mesmo a estes dois

níveis que a reforma do ensino começou, antes de
se alargar progressivamente aos estabelecimentos
de ensino superior, que só abriram as suas portas
oficialmente, em meados de 1970. Um só ramo
não foi ainda concernido: as Universidades de
letras, história, direito, que põem dificuldades
suplementares devido à sua natureza. Para o
primário e o secundário, o ensino é também muito
prático, e os estudos combinam-se com o trabalho
num sistema a meio tempo, muito variado, conforme
os locais. O recrutamento faz-se principalmente
entre os filhos de operários e de camponeses
pobres, e envida-se esforço no sentido de escola-
rizar todos os que devem sê-lo. No mundo rural, as
escolas são dirigidas pelas unidades de produção,
sobretudo a brigada, e estão ao seu encargo quase
completamente; nas cidades, dependem das fábricas.
Operários e camponeses são escolhidos como professores a tempo parcial; são previstos exames;
enfim, os diplomados voltam à produção, onde
talvez alguns serão recrutados, dentro de alguns
anos, para a Universidade. É claro que este
sistema tem por fim dotar a China de técnicos
médios e mesmo inferiores — sobretudo no campo
— e fazer parar decididamente o movimento,
que se desenhava, da partida dos jovens camponeses «educados» para as cidades. Como a
Universidade, a escola tem por fim formar jovens
que sejam «vermelhos e peritos», o que quer dizer,
na eventualidade, que adquiram competências sem
abandonar a prática, a vida rude e o trabalho
do campo.

Como para todas as coisas, na China, se os
princípios foram formulados por Mao Tsé-tung,
a realização, com o que ela implica de investigação
dos meios, foi confiada quase ao país inteiro.
Fábricas, os camponeses, os intelectuais, o exército
participaram em inquéritos, experiências, redacções
de esquemas e de pojectos. Mais do que em
qualquer outro lado, mede-se aqui o que pode
ser uma *democracia educativa* que *vise fazer homens
livres num determinado sistema*.

3. — A Literatura e a Arte

É ainda num escrito já velho de 28 anos, «Intervenção nas palestras sobre a literatura e a arte em
Yenan», que se encontram hoje os princípios da *arte
proletária*. Tudo o que dissémos até aqui permite-
-nos adivinhar, com efeito, que para Mao Tsé-tung,
a arte pela arte não é senão uma imposturice,
porque, relevando das superestruturas, a arte tem
um carácter de classe: objectivamente, serve a
burguesia ou o proletariado. Não há meio termo.
Reside aí a linha de demarcação, o princípio primeiro, o ponto de inserção da revolução que
obriga o artista a estudar a sociedade nova e a
reformar-se pela prática. A concepção duma arte
finalizada não choca na China, onde a arte teve
sempre um alcance político mais ou menos velado,
mais ou menos aberto. Um poema à glória do
vinho e da embriaguês, situado no contexto da
antiga civilização, tem um alcance mais longínquo.

E o género a que chamam «Opera de Pequim» assegura, nas suas peças clássicas, a permanência dum mundo de imperadores, de concubinas, de ministros, que é o mundo dos governantes da época. A dificuldade real começa quando se trata de pôr em acção este princípio duma arte ao serviço dos operários, camponeses, soldados, e de concretizá-la através de criações, não por simples intenções.

A obra de arte é sempre o reflexo, no espírito, duma determinada vida social. A arte proletária, para servir o povo, deve, pois, ter a sua fonte na *vida do povo* que, como fonte, é infinitamente mais rico do que toda a arte. A tarefa desta, então, é reproduzir esta vida, mas numa forma bela que a tornará mais intensa, «mais condensada, mais típica, mais próxima do ideal e, portanto, dum carácter mais universal que a realidade quotidiana». Numa palavra, inserindo a vida numa forma de beleza, a arte confere-lhe poder e universalidade. Ela fala, portanto, ao povo, da sua vida. Mas deve falar-lhe dela duma maneira acessível ao povo. Não se trata de querer *elevar* o povo a um nível que não é o seu, mas, falando deste povo na sua linguagem, elevá-lo permanecendo neste quadro. Isto não implica, para Mao Tsé-tung, que se rejeitem as obras estrangeiras, mas estas — precisa ele — não são fontes; são cursos de água que é preciso saber utilizar com um espírito crítico, para daí extrair o que pode ser útil ao povo.

Uma vez que deve servir o povo, a arte proletária não pode ser senão uma parte da causa revo-

lucionária do povo. Deve, pois, ser subordinada
«à tafera revolucionária determinada pelo Partido
para um dado período da revolução». E é porque
a arte proletária deve ser assim subordinada à
política, que ela deve também exercer uma influência
sobre esta. Mais ainda, é-lhe necessária: «A revolução não pode progredir e triunfar sem a literatura
e a arte, fossem estas as mais simples, as mais
elementares». Essa é a razão pela qual uma obra
de arte deve ser julgada a partir de dois critérios,
um político, outro artístico. Por conseguinte,
é bom, em primeiro lugar, tudo o que favorece a
revolução, tudo o que exalta a coragem do povo,
a justeza do Partido, da sua linha política e das
suas teorias revolucionárias. O critério artístico
só vem em segundo plano. À luz disto, uma
obra burguesa é tanto mais nociva, quanto é artisticamente dum nível elevado, e a obra proletária
boa é aquela que une um conteúdo político revolucionário e uma forma tão perfeita quanto possível.
«As obras que são falhas de valor artístico, por
mais avançadas que sejam sob o ponto de vista
político, permanecem ineficazes». E Mao Tsé-tung
conclui que tudo isto só pode realizar-se mediante
a fusão dos escritores e artistas com o povo e o
mundo novo: «É possível, é talvez inevitável que
isto não aconteça sem muitos sofrimentos e fricções...» [1].

É evidente que uma tal concepção se opõe
radicalmente à do Ocidente e mesmo à concepção

---

[1] *O. C.*, III, pp. 67 e seguintes.

soviética, pelo menos no domínio da música e da
Ópera. O artista não é livre, mas a noção de
liberdade nunca existiu na China sem uma referência a ideias de relaxamento e de desregramento,
até mesmo de dissolução. Encontramos o que
muitas vezes assinalámos, este receio da confusão
dos espíritos, geradora de desordem e de caos.
Um artigo escrito pelo Grupo redactorial do Comité
Revolucionário de Tientsin cita como declaração
do Presidente Mao na décima sessão plenária do
Comité Central saído do VIII Congresso do Partido:
«Para derrubar um poder político, começa-se sempre por preparar a opinião pública e por agir no
domínio ideológico. Isso é verdade, tanto para
uma classe revolucionária como para uma classe
contra-revolucionária» ([1]). A literatura e a arte,
como o jornalismo, agem sobre *a opinião pública:* daí
a sua gravidade. É impensável que na China, um
poder *forte* permita uma total liberdade desta
opinião pública, sobretudo nos princípios difíceis
duma nova civilização. Se a permitisse, seria o
sinal da sua fraqueza, da sua impotência, logo,
da sua morte. As exigências do marxismo vão
perfeitamente de encontro às certezas tradicionais
da China.

Jean GOLFIN

([1]) *Drapeau Rouge*, 1970, n.º 5, pp. 57-62. Cf. «Pékin-
-Information», 15 de Junho de 1970.

VII

A REFORMA DAS UNIVERSIDADES NA CHINA

por L. VANDERMEERSCH [*]

Em 20 de Setembro de 1970, um telegrama da Agência «Nova China» assinalava a entrada de 4000 estudantes de origem proletária nas duas grandes universidades da capital, Beida e Qinghua, como uma consequência da reforma das universidades. Dois meses antes, a *Bandeira Vermelha*, órgão teórico do Partido Comunista, consagrava o seu oitavo número do ano à apresentação duma série de documentos importantes acerca dos problemas universitários. Desde então, muitos artigos da imprensa chinesa dão a entender que a instauração dum ensino superior revolucionário havia terminado, pelo menos nos departamentos científicos e técnicos, dos quais se tratava principalmente, e que as novas instituições começaram a funcionar.

---

[*] Professor de Chinês na universidade de Aix-Marseille. O artigo é extraído da Rev. *La Nouvelle Chine*, n.º 1, Março de 1971, pp. 23-30.

Foi para organizar estas instituições, ao mesmo tempo que retomavam os seus estudos, que os estudantes tinham sido convidados a reestruturar as suas universidades em 20 de Março de 1967, por uma decisão do Comité Central tomada em 7 de Março do mesmo ano. A decisão foi relembrada em 17 de Abril pela Comissão militar do Comité Central, depois a 1 de Setembro por Zhou En-lai, Chen Po-da e Kang Sheng, no decurso duma reunião alargada do Comité Revolucionário da cidade de Pequim, e de novo pelo Comité Central em 14 de Outubro. Ficou durante longos meses sem efeito.

A entrada-em-acção continuou com dificuldades através de todo o ano escolar seguinte. Foi acompanhada por graves saltos internos da crise universitária, e foi só a partir do Outono de 1968 que começou sèriamente a empresa da reforma à qual, durante dois anos, estudantes e professores iam consagrar o essencial dos seus trabalhos. Agora que ela parece terminada quanto ao principal, chegou o momento de tentar fazer o seu exame de conjunto, a partir das indicações fornecidas por uma informação que infelizmente continua menos rica do que prolixa.

A situação antes da Revolução Cultural

Antes de proceder a isso, não será talvez inútil uma rápida recapitulação da organização do ensino superior na China, tal como existia nas

vésperas da Revolução Cultural. Em 1965, para
cerca de um milhão de estudantes, existiam mais de
300 estabelecimentos, uns de natureza clássica e
outros, chamados *universidades do trabalho*, que apli-
cavam a fórmula dos estudos a meio-tempo acom-
panhados simultâneamente com uma actividade de
produção. Os estabelecimentos clássicos, os mais
numerosos, dividiam-se em três categorias:

1. As universidades puridisciplinares *(zonghe
daxue)*, compreendendo departamentos de ciências
humanas e departamentos de ciências da natureza.
Ministrava-se aí o ensino das disciplinas fundamentais e das disciplinas aplicadas com vista à
formação, ao mesmo tempo, de futuros professores
e de quadros profissionais. A escolaridade era de
quatro anos;

2. Os institutos de especialidade *(zhuanmen
yuanxiao)*, para a medicina, técnicas industriais,
agronomia, economia, línguas estrangeiras, preparação para o professorado, educação física. Os
estudos duravam de 4 a 6 anos (e até 8 para medicina)
e formavam especialistas altamente qualificados em
todos os ramos;

3. As escolas especializadas *(zhuanke xuexiao)*,
que ministravam numa só disciplina (técnica, médica,
linguística, etc.) um ensino curto de 2 a 3 anos
com vista à formação rápida de especialistas de
nível médio.

Nestas três espécies de estabelecimentos, professores e estudantes só eram obrigados a participar
na produção durante um certo número de semanas

(de 8 a 13) cada ano. Em 1965 foi tomada
a decisão de estender até aí a fórmula do trabalho a meio-tempo. Começava a produzir efeito
esporàdicamente, quando rebentou a Revolução
Cultural.

Estabelecidas sobre este princípio desde a sua
criação em 1958, as *Universidades do Trabalho* eram,
pelo contrário, destinadas a fornecer aos jovens
trabalhadores os meios de ter acesso a um nível
superior de formação na sua especialidade profissional, permitindo-lhes, ao mesmo tempo, continuar
a ter o seu emprego. A mais florescente, a *Universidade comunista do trabalho do Jiangxi* formava assim
cerca de 40 000 trabalhadores no seu centro de
Nanchang e nos seus 112 anexos disseminados
através de toda a província. Estas universidades,
depois de um breve progresso, tinham conhecido
um rápido declínio, e o seu número encontrava-se
reduzido a algumas dezenas em 1965.

À imensa diversidade dos estabelecimentos,
correspondia a dispersão das administrações de
tutela. Ao Ministério do ensino superior, novamente tornado distinto do da educação nacional
em 1964, não estavam ligados mais do que sete:
Beida, Qinghua, a Universidade normal de Pequim,
a Universidade popular da China, a Universidade
da língua russa de Pequim, a Universidade das
línguas estrangeiras de Pequim e a Universidade
do Sichuan. Quanto aos outros estabelecimentos,
eles dependiam, já, a nível central, dos ministérios
técnicos correspondentes, já, a nível local, das
administrações provinciais ou municipais.

No plano interno, cada um deles era dirigido por um chefe de estabelecimento, um director dos estudos e um director administrativo, sob a autoridade dum comité de estabelecimento composto das mesmas pessoas, assim como dos chefes de departamentos e de disciplinas, de delegados do sindicato do ensino (sindicato aberto a todas as categorias de pessoal) em número de 4 a 6, e de 2 delegados da associação dos estudantes. Sobre estes órgãos directivos, é evidente que a secção de estabelecimento do Partido exerce uma influência considerável.

A tripla aliança na Universidade

O primeiro efeito da Revolução Cultural foi aniquilar esta estrutura de direcção e de gestão. Nada era mais urgente do que substituí-la. A resolução em 16 pontos do Plenum do Comité Central de 8 de Agosto de 1966, tinha rectificado a prática nascente da constituição de *equipas, comités e assembleias da revolução cultural*. Precisava que, nas escolas, estes organismos deveriam ser formados principalmente por estudantes revolucionários, com uma certa participação de professores revolucionários (ponto 9).

O facciosismo desenvolveu-se em detrimento de toda a coesão. Mao Zedong aplicou à Universidade o processo de normalização da revolução pela tripla aliança do exército, das forças revolucionárias e dos quadros unidos a elas, através duma

directiva em forma de carta a Lin Biao, datada
de 7 de Março de 1967. O texto prescrevia que se
enviassem, para os estabelecimentos escolares de
todos os níveis, destacamentos do Exército Popular
de Libertação, encarregados de «*colaborar na retomada
dos cursos, na rectificação dos movimentos revolucionários,
no estabelecimento de órgãos directivos, saídos da tripla
aliança, e na execução da tripla tarefa de contestação,
crítica e reforma*».

Um ano mais tarde, não estando totalmente
detida a anarquia, Mao Zedong decidiu acrescentar
à intervenção dos militares a dos proletários, delegados em todas as universidades para tomar a sua
direcção, sobre a palavra de ordem: «*a classe operária
deve dirigir tudo*». Estas equipas novas foram instaladas com grande rumor em Qinghua, em 27 de
Julho de 1968, seguidamente, no decurso do verão,
nos outros estabelecimentos, e isso «*por muito tempo*».
Devia tirar aos Guardas Vermelhos todas as suas
prerrogativas.

De facto, Chiang Ching, tomando a palavra
em 7 de Setembro, por ocasião da grande manifestação que celebrava o estabelecimento de Comités
revolucionários à cabeça de todas as províncias,
dizia àqueles que tantas vezes tinha defendido,
uma espécie de adeus nostálgico, reconhecendo as
suas faltas e confiando-os à solicitude dos delegados
do proletariado, nestes termos: «*...A classe operária,
classe dirigente, deverá proteger bem os jovens generais
da Guarda Vermelha. Deverá ajudá-los, educá-los...*».
Acantonados depois num papel de antigos combatentes, os Guardas Vermelhos foram suplantados

no activismo pelos *elementos positivos*, estudantes e
professores, consagrados estes como resultado das
campanhas de rectificação ideológica conduzidas
pelos militares e proletários. Na Universidade
Sun Yat-sen de Cantão, por exemplo, em Outubro
de 1970, estes elementos eram em número de 635,
sobre um efectivo total de vários milhares de estudantes e de professores.

Na hora actual, as universidades são, pois,
dirigidas pelos órgãos permanentes de comités
revolucionários de estabelecimento, eles próprios
compostos por delegados das equipas de proletários
e de militares, designados sob o nome de *grupos
de propaganda do pensamento de Mao Zedong do exército
e do proletariado*, assim como por delegados dos
professores e dos estudantes. Como se consti-
tuíram estes comités, por eleição formal ou por
designação democrática no curso de assembleias
de massa? Em que proporção as diversas partes
constituintes estão aí representadas? Com que
autoridade figuram aí os quadros do Partido?
Segundo que modalidades procedem as delibera-
ções e como são tomadas as decisões? A habili-
tação para se tornar membro dos órgãos permanentes
que as emanam é ou não limitada, de direito ou
de facto, a certas categorias de delegados? Estas
são questões capitais a que nenhuma informação
permite trazer elementos de resposta.

Autonomia de Organização e de Gestão

Sem dúvida que reina uma grande diversidade na prática de um estabelecimento para outro. Constata-se, por outro lado, que desde o verão de 1968, a ordem, aparentemente, não foi perturbada em nenhum lado. Os grupos de propaganda, no entanto, não foram sempre bem acolhidos. Eles mesmos não estavam sempre muito persuadidos do valor da sua intervenção. Foi preciso, ora encorajar os trabalhadores inibidos por um complexo de inferioridade diante dos intelectuais, ora dar a estes últimos, submetidos a rude prova, a fé numa vocação em que eles já não acreditavam. Por outro lado, puderam dar-se conflitos de autoridade entre representantes do exército e do proletariado.

Convém notar que militares e proletários não intervêm só no mais alto escalão de responsabilidade, mas a todos os níveis. Participam no ensino tanto como no trabalho ideológico ou no trabalho manual. Estão presentes nos comités revolucionários de base, constituídos no seio dos diferentes departamentos. Estes são reorganizados segundo as novas finalidades das universidades e suprimindo as antigas divisões por disciplinas. Quanto à tutela administrativa, ela é tratada por preterição, gozando cada estabelecimento duma total independência de organização e de gestão na linha duma orientação ideológica que, essa sim, é mais estritamente imposta que nunca.

Esta autonomia é tanto mais real, quanto a palavra de ordem é, por toda a parte, a autarcia, e os centros de produção industrial ou agrícola anexos a cada estabelecimento devem permitir-lhe prover, o mais completamente possível, às suas necessidades financeiras. Sempre que eles não bastem, o complemento de recursos é aparentemente fornecido pelas empresas da vizinhança, comunas populares ou fábricas, com as quais a escola colabora, não concedendo o Estado mais subvenções. Não parece que muitos estabelecimentos universitários novos tenham sido criados desde 1966; a lógica do sistema quer que tais criações só se façam a partir duma fundação industrial apta a fornecer os rendimentos necessários.

Um Ensino ligado à Produção

Sobre este ponto, a reforma da educação articula-se com a reforma das estruturas. A inovação capital, com efeito, indo muito mais longe do que a simples generalização do trabalho manual, consiste em associar plenamente o ensino e a produção. O texto que a inspira é a directiva chamada do *7 de Maio*, que aliás deu o seu nome à comuna de produção fundada pela Universidade Tongji de Shanghai. Trata-se especìficamente duma carta dirigida a Lin Biao em 7 de Maio de 1966, na qual Mao Zedong expunha principalmente a sua concepção do Exército Popular, assimilando este a uma grande escola para todo o país, não só de educação militar, mas ainda de educação política, de educação cultural, e mesmo de educação para a produção. O seu conteúdo foi divulgado pela

primeira vez, por ocasião do aniversário do exército
vermelho, em 1 de Agosto de 1966, através dum
editorial do jornal do exército e um outro do *Diário
do Povo*. Mao Zedong acrescentava que o que ele
dizia para os militares, aplicava-se também às
fábricas, às comunas populares, às escolas, às
empresas comerciais ou de serviços, aos órgãos do
Partido ou da Administração, os quais deviam,
todos, a exemplo do exército, transformar-se em
estruturas de educação revolucionária global. Mais
especialmente, dirigindo-se aos estudantes, escrevia
que também eles, «*tendo embora os estudos por dever
principal, se deviam aplicar ao mesmo tempo à escola
dos outros modos de actividade, quer dizer, não só estudar
os textos, mas além disso aplicar-se à escola da indústria,
da agricultura, do exército, conservando sempre o espírito
atento à crítica da burguesia*».

A directiva do *7 de Maio* prescreve, em suma,
a cada organização, começando pela do exército,
e qualquer que seja a sua razão de ser particular,
que dê ao seu esforço na edificação do socialismo um carácter total, fazendo com que ele atinja
todos os planos da política, da defesa, da produção
e da cultura. Foi por isso que se deu o nome de
estabelecimento do *7 de Maio* um pouco por toda
a parte, quer a centros de formação agregados a
unidades administrativas, quer a centros de ensino
agregados a comunas de produção, quer a centros
de produção agregados a unidades militares. No
que respeita aos estabelecimentos de ensino, foi
essencialmente na dimensão da produção que a
directiva do *7 de Maio* suscitou neles realizações

notórias. Assim, a Universidade Sun Yat-sen de
Cantão criou, pelos seus próprios meios, uma
fábrica de rádio, uma fábrica de construção mecânica,
uma fábrica de matérias plásticas, uma fábrica de
antibióticos, uma tipografia e uma exploração agrícola precisamente chamada do *7 de Maio*.

Esta orientação tinha sido indicada por Mao
Zedong desde a época do Grande Salto em frente.
Num *Método de trabalho em 60 artigos*, datado de 1 de
Janeiro de 1958, ele já escrevia:

«*Todos os laboratórios e oficinas anexos às universidades e institutos de especialidade, capazes de produção, devem, não só responder às necessidades da investigação e da educação, mas produzir em toda a medida das suas possibilidades. Além disso, é bom que estudantes e professores sejam associados por contrato de trabalho às empresas da vizinhança.*

«*Em todas as escolas de agricultura, fora da produção nas herdades de estabelecimento, que sejam estabelecidos contratos de trabalho com as cooperativas da região, que os professores sejam enviados durante algum tempo para estas cooperativas, e que unam a teoria e a prática. Que sejam recebidos na escola, sob reserva de satisfazerem as condições requeridas, aqueles que forem recomendados pelas cooperativas.*

«*Que as universidades e os liceus das cidades, sempre que as condições o permitam, se associem a vários estabelecimentos para fundar fábricas ou oficinas anexas; ou, então, que se associem por contrato com fábricas, oficinas, instalações já existentes, para aí participarem no trabalho*». (Citado no *Shinchûgoku nenran*, 1968, Tokyo, 1968, p. 283).

Um modelo de Comuna Universitária

Nessa altura, alguns estabelecimentos já se tinham comprometido na via assim traçada; mas faziam ainda excepção, e as suas tentativas falharam na maior parte, devido a não se conseguir conciliar as exigências do ensino e as da produção. Desde 1967, pelo contrário, todos os estabelecimentos escolares de todos os níveis retomaram sistemàticamente esta orientação.

A *Comuna do 7 de Maio* fundada pela Universidade Tongji, uma universidade politécnica de 7 000 estudantes, cujo programa foi publicado em 3-11-67 entre os primeiríssimos projectos de reforma, é um modelo do género. Constitui uma empresa de construção que funciona com a participação dos serviços técnicos da cidade de Shanghai, e que se divide em três departamentos, respectivamente, de ensino, de estudos e projectos, enfim, de execução dos trabalhos. Todos os estudantes e professores trabalham periòdicamente em cada um destes departamentos. A colectividade da comuna não se agrupa já por classes escolares, mas por equipas de produção, em que os intelectuais se misturam com os operários e engenheiros vindos do exterior. Os estudantes são enviados para as oficinas durante metade do seu tempo, no primeiro ano, e dois terços, no segundo ano. Só no terceiro ano é que o aprofundamento teórico da sua especialidade toma a precedência sobre o trabalho de execução.

Importa compreender bem o sentido deste alargamento considerável das actividades práticas no decurso do ensino. Se, em 1958, se tratava sem dúvida, antes de tudo, de contribuir para o desenvolvimento económico, depois da revolução cultural, sem que se deva desprezar esta consideração, o acento é posto em primeiro lugar no aspecto formador de tais actividades. Certamente que se retém assim o valor da ascese que, do ponto de vista da moralidade socialista, apresenta o trabalho manual para os intelectuais, assim como o valor crítico, do ponto de vista do método experimental, da aplicação da teoria científica. Mas o essencial não está aí.

O essencial é realizar, no decorrer da própria educação, a inserção dos estudantes no interior do processo produtivo, a fim de submeter, de maneira viva, a sua mentalidade à acção dialéctica das relações de produção. Vista sob este ângulo, a doutrina maoísta, transposta para o meio capitalista, deveria ainda conduzir, não a rejeitar a associação dos estudos e da indústria, mas, pelo contrário, a torná-la tão íntima, mais exactamente, tão viva quanto possível, encontrando-se o capital, que dela retiraria o benefício da maior rentabilidade dos seus investimentos escolares, largamente compensado, pelo desenvolvimento da consciência das contradições do sistema, o qual deve conduzir à revolução socialista. Na China, em todo o caso, o primado da educação fundamental pela prática dialéctica da produção, dá azo a um certo número de consequências pedagógicas aparentemente paradoxais.

A primeira é a de que não existe, neste plano, nenhuma diferença entre a formação nas disciplinas literárias e a formação nas disciplinas científicas. O fim não é, com efeito, dar ao físico um melhor conhecimento das leis da electricidade, levando-o, por exemplo, a fabricar compostos electrónicos; do que se deveria inferir que o estudante de letras teria de trabalhar em empresas de imprensa, de teatro ou de cinema. O fim é formar o espírito, desenvolver a sua criatividade, quer ela seja literária ou científica, por um entrar em contacto directo com a realidade, ao nível da infraestrutura determinante das relações de produção. Desde logo, pouco importa que o estudante de letras ou de ciências se empregue, segundo as possibilidades oferecidas, em cultivar arroz ou a fabricar motores; o que conta é, sobretudo, que ele esteja comprometido verdadeiramente num processo produtivo autêntico.

Mas para ser plenamente educativa, esta experiência da produção deve ser esclarecida na sua significação profunda, quer dizer, esclarecida sob o ângulo político, muito mais que técnico. Daí, esta segunda consequência, a saber, doravante é dada a prioridade, em toda a parte, ao ensino político. Em letras, este absorveu mesmo, por confusão, o da história e o da literatura.

A Prática antes de tudo

Terceira consequência: as contradições entre as exigências da formação teórica e as da formação prática, resolvidas na época de Liu Shao-qi em favor da primeira, o que tinha feito mudar de direcção às experiências de 1958, são agora resolvidas em favor da segunda. A fé na virtude de fecundidade intelectual do trabalho produtivo é tal, que o ensino pròpriamente dito foi reduzido à sua expressão mais simples, o que permitiu reduzir o *cursus studiorum* nas universidades para dois ou três anos, uma vez assente que a associação das empresas de produção e dos estabelecimentos escolares abra a perspectiva da formação permanente dos trabalhadores.

Nenhum ano deve ser repetido, assumindo solidàriamente a colectividade dos estudantes e dos professores a responsabilidade do êxito escolar de cada um. Nestas condições, os controlos já não são selectivos, mas simplesmente indicativos das correcções pedagógicas a efectuar. Os exames de forma clássica são abolidos, — aqueles em que, dizia Mao Zedong, numa nota de 10-3-64, que versava um artigo emanado do 2.º Liceu dos ferroviários, «*o estudante é tratado como um inimigo que se ataca em geral por surpresa*» *(op. cit.,* p. 284). No projecto de reforma da universidade normal de Pequim, publicado em 3-11-67, precisa-se que as provas de controlo não serão multiplicadas exageradamente, que farão apelo ao espírito de discussão e não à memória, e que terão lugar com o livro aberto, sobre assuntos plenamente significativos. As questões-ratoeira serão eliminadas. Os candidatos terão todo o tempo necessário para reflectir, e poderão proceder entre si a trocas de opiniões.

Enfim, o ensino deve ser totalmente repensado na sua própria natureza. Deve corresponder ao nível de desenvolvimento mental que acompanha o surgir da consciência socialista. Problema complexo, que aparece particularmente nas dificuldades de redacção dos novos manuais. A este propósito, eis o que escrevia na *Bandeira Vermelha* (n.º 8), o grupo de propaganda do pensamento de Mao Zedong residente em Qinghua:

«*A refundição dos manuais é uma tarefa de revolução pedagógica aprofundada. Exige uma conversão de sentimento e de atitude, da parte dos professores. Esta condú-los a deslocar a sua posição, para tomar o ponto de vista da classe proletária e resolver os problemas de saber para quem escrever, como escrever. O grupo de propaganda dirigiu, a partir da prática do triplo movimento revolucionário (da política, da produção e da ciência), conduzido pela massa dos professores e dos estudantes, a constituição de equipas de redacção, reunindo operários, camponeses pobres das camadas inferior e intermédia e jovens chefes de guardas vermelhos. Estas equipas desenvolveram a grande crítica revolucionária e fizeram do processo de redacção dos manuais um processo de aprofundamento da reeducação dos intelectuais pelo estudo e pela prática viva do pensamento de Mao Zedong.*

«*...Relativamente aos antigos manuais existentes e às aquisições científicas e técnicas do estrangeiro, nós guiamo-nos decididamente pelo princípio da sua utilização, acrescentada dum inventário crítico, praticando a política que consiste em utilizar o antigo duma maneira nova, em utilizar o que é estrangeiro à maneira chinesa, e em fazer com que do velho saia o novo.*

«...*A refundição dos manuais é uma tarefa de grande fôlego, impossível de levar a cabo duma vez para sempre, necessitando da prática simultânea do ensino e do aperfeiçoamento dos textos escolares, através de uma síntese contínua, uma concretização contínua, um melhoramento contínuo, uma renovação contínua, na expansão acelerada da construção do socialismo, obstinadamente levada cada vez mais para cima e cada vez mais para a frente*».

Proletarização do recrutamento

Esta doutrina estabelece uma ligação estreita entre o desenvolvimento do potencial intelectual e o condicionamento pelas relações sociais de produção. Abre caminho para pôr em acção uma política sistemática de proletarização do recrutamento dos candidatos ao ensino superior. A mais importante das directivas relativas à reforma universitária, depois da de 7 de Maio de 1966, foi a que publicou o *Diário do Povo* de 21 de Julho de 1968. Falando mais especialmente das universidades científicas e técnicas, Mao Zedong declara particularmente o seguinte:

«...*O ensino deve ser objecto duma revolução; deve ser comandado pela política proletária e seguir a rota traçada pela fábrica de máquinas-utensílios de Shanghai, quanto à formação de engenheiros saídos do meio operário. É preciso escolher os estudantes entre os operários e camponeses que tenham uma experiência concreta e, depois de passarem alguns anos nas escolas, reenviá-los à realidade da produção*».

A fábrica de máquinas-utensílios de Shanghai de que se trata, acabava, na altura, de proceder a um inquérito sobre os seus próprios engenheiros. Estes eram, então, em número de cerca de setecentas pessoas. Os representantes das velhas gerações, recrutados antes da Libertação, representavam 5% dos efectivos. 350 engenheiros, ou seja, 50% do total, eram diplomados do ensino superior (um décimo dos quais eram do nível da investigação ou antigos estagiários das universidades estrangeiras). Outros 250, ou seja, 45%, eram antigos operários saídos das fileiras, dos quais só um pequeno número tinha recebido uma formação de recuperação no ensino superior. Ora, refere o inquérito, ressalta das estatísticas que, no número de materiais novos desenhados e produzidos na fábrica, a parte das criações imputáveis a engenheiros antigos operários, se elevou a 60% em 1958, 70% em 1959, 80% em 1960 e, mais tarde, à quase totalidade.

Dois exemplos individuais vêm corroborar estas constatações. Dum lado, o de um diplomado duma universidade de Shanghai, titular dum doutoramento auxiliar adquirido após 4 anos de estudos ulteriores numa universidade estrangeira, mas que, desde a sua entrada para o centro de investigação da fábrica em 1962, não tinha podido pôr no seu activo nenhuma invenção; doutro lado, o de Wang De-fa, entrado para a fábrica como operário na idade de 18 anos, tendo ao todo como bagagem uma escolaridade primária de 4 anos, e, no entanto, inventor do torno horizontal de tipo M715DA, concebido pela transformação completa dum torno de tipo 3724, importado «dum país revisionista» e representativo da técnica antiquada dos anos 30.

Sem a tomada do poder pelos operários em Janeiro de 1967 (o famoso *Janeiro de Shanghai*), acrescentou ele, nunca esta invenção poderia ter visto a luz, havendo-se os engenheiros reaccionários, até então, recusado a ter em consideração os projectos não-conformistas que ultrapassavam melhoramentos menores do material importado. E o inquérito conclui pela necessidade de pôr fim ao *triplo corte*, que separa a aristocracia intelectual da classe proletária, das massas operárias e camponesas e da realidade da produção. Para isso, é preciso recrutar para as universidades elementos que possúam uma experiência de trabalhador de 2 a 3 anos ou de 4 a 5 anos, pelo menos. É preciso, enfim, organizar a crítica do conformismo reaccionário da maior parte dos especialistas, formados até aqui nas escolas.

A capacidade de Inovação dos operários

A imprensa chinesa faz constantemente referência, sobretudo desde a Revolução Cultural, a inumeráveis traços reveladores da superioridade do génio inventivo da classe operária. Ora são os operários dum estaleiro naval de Tianjin que constróem um carregueiro de 15 000 toneladas sobre uma fôrma concebida para carregueiros de 10 000 toneladas sòmente. Ora são os operários da indústria têxtil de Shanghai que descobrem um novo dispositivo de colagem, que permite fazer a economia completa de legumes feculentos de valor alimentar. Ora são os operários das oficinas de mecânica da província atrasada do Tsinghai que põem em estado de funcionamento um camião especialmente concebido para funcionar à altitude de 3 000 m e mais, e adaptado às estradas desta região montanhosa.

Se convém encaminhar exclusivamente os operários para o ensino superior, não é que se deva substituir, por um novo privilégio de classe, aquele que detinha outrora a burguesia, nem que, para reforçar os seus meios na luta revolucionária, os operários e camponeses encontrem razões para se reservarem para si a vantagem duma instrução mais avançada. É pura e simplesmente porque a superioridade intelectual procede da pertença autêntica ao proletariado. Da mesma maneira que o espírito burguês, no momento da transformação capitalista da sociedade, se mostrou muito mais fecundo científica e artìsticamente do que o espírito da classe dominante da época feudal, assim também a transformação socialista revela a preeminência do espírito proletário. Trata-se menos, por conseginte, de reservar para o proletariado o domínio da ciência e da cultura, do que de garantir à ciência e à cultura, pela sua mutação proletária, a sua melhor oportunidade de se expandir. As *três revoluções*, política, económica e científica, são inseparáveis, não só porque andam a par, mas porque se confundem e não fazem senão uma.

Este único movimento revolucionário não é menos determinado pelo seu momento especìficamente político, ele próprio dirigido pelo génio do

pensamento de Mao Zedong. É por isso que
a elite intelectual, chamada a beneficiar da formação
universitária, será distinguida à base de critérios
políticos mais que científicos. Uma novo processo
de recrutamento de estudantes foi, pois, posto em
prática, e aplicado sistemàticamente pela primeira
vez por ocasião da última reabertura escolar. Tudo
o que se conhece dele, é que comporta duas fases,
uma de *proposição (tuijian)*, por via de largas discussões prosseguidas entre operários, camponeses e
soldados, e outra de *selecção (xuanha)*, por via de
apreciações críticas reservadas aos comités revolucionários de todos os níveis. No decurso de cada
uma das duas fases, são sobretudo tomados em
consideração a origem social dos futuros estudantes
e o seu comportamento político. Sem dúvida que
o seu valor intelectual entra igualmente em linha
de conta, mas a título secundário, pois que o papel
da universidade é justamente fazê-lo aumentar.

Se a política guarda a entrada da universidade,
vigia igualmente a sua saída. Os diplomas não
devem ser bilhetes de promoção social. Os estudantes têm vocação, não para se tornarem os aristocratas do regime, mas para tornar a voltar para
junto das massas, a fim de serem aí o fermento da
elevação geral do nível da cultura científica, técnica
e artística. No fim da sua escolaridade, eles partem
na qualidade de operários ou de componeses para
as fábricas ou para as comunas populares. O socialismo chinês desconfia tanto do poder intelectual,
se não mais, como de outras formas de poder paralelo. Duzentos e vinte e um novos estudantes que

entravam em Beida e Qinghua, vindos a pé do
Tianjin numa longa marcha simbólica de quatro
dias, pronunciaram em 27 de Agosto de 1970, na
praça Tiananmen, o juramento seguinte:

«...*Nós, estudantes operários camponeses e soldados,
não atribuímos nenhum preço excepcional à escolha a dedo
dos engenheiros* (a expressão é de Liu Shaoqi); *não
acreditamos no mito do poder burguês; não temos nenhuma
religião da tradição passada nem do Ocidente. Com a
audácia da revolução, a coragem da criação nova, estamos
resolvidos a seguir a via traçada pela Universidade da
Resistência* (estabelecida durante a guerra na zona
liberta de Yenan), *a tornar-nos revolucionários. Não
nos deixaremos corromper nunca, nem pelo interesse nem
pelo desejo de adquirir um nome. A nossa resolução está
tomada: mudando de posto, a nossa consciência revolucionária
permanece a mesma; mudando de meio, a nossa condição de
trabalhadores do povo não mudará; chamados a uma
nova tarefa, conduziremos da mesma maneira o nosso
duro combate...*».

A experiência permitirá julgar

A lei de orientação da reforma das universidades chinesas, é constituída por algumas directivas
de Mao Zedong. Estas estabelecem relativamente
às estruturas, à pedagogia e à política dos estabelecimentos de ensino, não um quadro institucional,
mas uma matriz ideológica formada de alguns
princípios assentes com uma nitidez que excluía
todo o desvio. Neste domínio como noutros,

a Revolução Cultural levou a retomar, acentuando-a, uma orientação que datava de 1958. Ninguém contesta, que a política posta em prática, aquando do Grande Salto em frente, resultou, ao fim de alguns anos, em fracasso. Toda a questão está em saber se o fracasso é devido, como supunha Liu Shaoqi, ao facto de as decisões tomadas na época irem demasiado longe, ou, como pensa Mao Zedong, ao facto de que elas, pelo contrário, não foram aplicadas bastante radicalmente. O triunfo da linha maoísta é acompanhado duma recusa de toda a mitigação revisionista. As reformas actuais são apreciadas muito mais em função do rigor com que traduzem os princípios reafirmados, do que tendo em conta os efeitos variados que a sua aplicação implicará. Certamente, quase não há uma linha da literatura que lhes é consagrada onde não se trate de prática; mas esta prática é aí invocada numa óptica estritamente doutrinal. Cada um pode, com direito, perguntar-se o que é que os factos podem ainda trazer como lição, depois de terem sido também inexoràvelmente interpretados. Sem dúvida que acabarão por falar por si mesmos; só então encontrará a sua resposta completa, a questão da linha justa, decidida ideològicamente pela Revolução Cultural.

L. VANDERMEERSCH

VIII

OS PRINCÍPIOS FALSOS
DA NOSSA EDUCAÇÃO (¹)

(um texto profético que antecipa as revoluções contemporâneas no ensino e as excede pela sua inigualável força crítica).

(...) Uma vez adquirida a liberdade de pensamento, o impulso do nosso tempo será o de a completar, afim de a metamorfosear em liberdade de vontade, princípio de uma época nova. De tal sorte que o objectivo último da educação já não pode ser o saber, mas o querer nascido deste saber. Numa palavra, ela tenderá a criar um homem pessoal ou livre. Que é a verdade senão a revelação do que nós somos? Trata-se de nos descobrirmos a nós próprios, de nos libertarmos de tudo o que nos é estranho, de nos abstrairmos ou desembaraçarmos radicalmente de toda a autoridade, trata-se de reconquistarmos a naturalidade. A Escola não produz homens assim absolutamente verda-

---

(¹) Extractos de MAX STIRNER, *Escritos menores*, publicados em 1842. (Trad. a partir de DANIEL GUÉRIN, *Ni Dieu ni Maître/Anthologie de l' Anarchisme*, I, F. Maspéro, pp. 17-20).

deiros. Se mesmo assim os há, é *apesar da* Escola. Esta, sem dúvida, torna-nos senhores das coisas, e rigorosamente também, senhores da nossa própria natureza. Mas ela não faz de nós naturezas livres. Efectivamente, nenhum saber, ainda que aprofundado e extenso, nenhum espírito penetrante ou sagaz, nenhuma finura dialéctica podem premunir-nos contra a baixeza do pensar e do querer.

(...) Todas as espécies de vaidade e de apetite de ganho, de arrivismo, de zelo servil e de duplicidade, etc., se casam muito bem com um saber extenso, da mesma maneira que se casam com uma elegante formação clássica. E toda esta farragem escolar, que não exerce nenhuma influência sobre o nosso comportamento moral, — nós esquecemo-la muitas vezes, e tanto mais fàcilmente quanto ela não nos serve de nada: a gente sacode a poeira da escola logo que a deixa. Por quê? Porque a educação consiste ùnicamente no formal ou no material, se tanto numa mistura dos dois, mas de modo nenhum na verdade, na formação do homem verdadeiro.

(...) Como certos outros domínios, o domínio pedagógico é também daqueles em que a gente se aplica a não deixar penetrar a liberdade, a não tolerar oposição: o que se quer é a submissão. Não se tem em vista senão uma domesticação, puramente formal e material. Dos arrazoados do humanismo não saiem senão sábios, dos arrazoados dos realistas não saiem senão «cidadãos úteis» — em ambos os casos nada mais do que criaturas submissas. O nosso bom e velho fundo de «malícia» (mordacidade) é abafado de viva força e, de seguida, o desabrochamento do saber em vontade livre. Assim, a vida escolar produz filistinos. Da mesma maneira que em criança nos ensinaram a aceitar tudo o que nos era imposto, assim mais tarde nós nos acomodamos a uma vida positiva, nos vergamos ao nosso tempo, nos tornamos os seus valetes e os pretendidos «bons cidadãos».

Onde se vê, então, ganhar vigor um espírito de oposição, em lugar da submissão alimentada até agora? Onde se forma um homem criador, em vez do homem instruído? E assim, onde é que o professor se transforma em colaborador, onde se opera a transmutação do saber em querer, onde é que o objectivo é o homem livre em vez do homem cultivado? É em vão que o procuramos — de tal maneira a coisa é rara.

Dever-se-ia, contudo, meter cada vez mais na cabeça que a tarefa suprema do homem não é, nem a instrução, a civilização, mas a autoactividade. Será por isso negligenciada a cultura? Não; na medida exacta em que nós não pensamos sacrificar a liberdade de pensamento, mas, antes, transfigurá-la em liberdade de vontade. No dia em que o homem assumir como seu ponto de honra o sentir-se e o conhecer-se por si mesmo, o agir por si mesmo, em toda a autonomia, em plena consciência de si mesmo, em plena liberdade, ele cessará de ser para si mesmo um objecto estrangeiro e impenetrável, tenderá a dissipar a ignorância que limita e impede o seu pleno conhecimento de si mesmo.

Desperte-se no homem a ideia da liberdade; os homens livres não sonham senão em libertar-se a si mesmos sempre e cada vez mais. Se, ao contrário, não se faz senão homens instruídos, eles adaptam-se a todas as circunstâncias da maneira mais cultivada e refinada, caem ao nível de almas submissas e servis. Que são, na sua grande maioria, os nossos belos senhores cheios de espírito e de cultura? Esclavagistas escarnecedores, eles próprios escravos.

(...) A miséria da nossa educação actual procede, numa larga parte, do facto de o saber não se ter afinado em vontade, em autoactividade, em prática pura. Os realistas aperceberam-se bem da lacuna, mas não remediaram nada senão de modo lamentável, formando gentes «práticas», desprovidas tanto de ideias como de liberdade. O espírito que anima a maior parte dos docentes é uma prova tristemente viva disso. Moldados, na melhor das hipóteses, eles moldam por sua vez; domesticados, domesticam. Mas toda a educação deve tornar-se pessoal. (...) Noutros termos, não é o saber que deve ser inculcado, é a personalidade que deve atingir a sua expansão própria. O ponto de partida da pedagogia não deve ser o de civilizar, mas o de formar personalidades livres, caracteres soberanos; e a vontade até agora brutalmente oprimida, também ela deve cessar de ser débil. Desde o momento que não se enfraquece o impulso versus o saber, por que se deveria enfraquecer o impulso versus o querer? Se cultivamos aquele, cultivemos igualmente este.

A teimosia e a «malícia» das crianças têm tanta razão de ser como a sua sede de conhecer. Estimula-se zelosamente esta última; que se excite também a força natural da vontade: a oposição. Se a criança não aprende a sentir-se por si mesma, é justamente a coisa principal que ela não aprende. Que não se reprima, nem a sua altivez, nem a sua franqueza. Contra a sua petulância, restar-me-á sempre a minha própria liberdade. Se a sua altivez se transforma em obstinação, a criança far-me-á violência — contra a qual eu reagirei; visto que sou um ser tão livre como a criança. Mas deverei eu defender-me abrigando-me por trás do escudo cómodo da autoridade? De modo nenhum. Opor-lhe-ei a rigidez da minha própria liberdade, de sorte que a obstinação da criança cairá por si mesma. Quem é um homem completo não tem necessidade de ser uma autoridade. E se a franqueza se torna descaramento, ela perderá a sua força diante da doce resistência de uma mulher atenciosa, perante o seu temperamento materno, ou diante da firmeza de um pai. É preciso ser-se muito fraco para solicitar a autoridade em auxílio, e enganamo-nos se cuidamos curar a criança impertinente fazendo dela um timorato. Exigir o temor e o respeito são coisas que pertencem ao estilo rococó duma época passada.

O que é que nós lamentamos, portanto, quando abrimos bem os olhos para as lacunas da nossa educação actual? Que as nossas escolas estão ainda submetidas ao princípio antigo, ao princípio do saber sem vontade. O novo princípio é o da vontade, o da transformação do saber. A partir daí, não mais «concordata entre a escola e a vida», mas que a escola seja vida e que, no seu seio, como fora, se fixe como dever a autodescoberta da personalidade. Que a cultura universal da escola vise à aprendizagem da liberdade, e não à da submissão: ser livres, eis a verdadeira vida.

A educação prática fica muito atrás da educação pessoal e livre; se aquela proporciona o meio de fazer caminho na vida, esta busca a força de fazer brilhar a centelha da vida; se aquela prepara o aluno para se sentir à vontade num mundo dado, esta ensina-o a sentir-se à vontade no seu foro interior. Não está ainda tudo cumprido quando nos comportamos como membros úteis da sociedade. Não poderemos realizar plenamente a nossa tarefa a não ser sob a condição de sermos homens livres, indivíduos que criam e agem por si mesmos.

A ideia, o impulso dos tempos novos, é a liberdade da vontade. A pedagogia deve propor-se, portanto, como ponto de partida e como fim a formação da personalidade livre. (...) Esta cultura que é verdadeiramente universal, visto que o mais humilde se encontra aí com o mais elevado, representa a verdadeira igualdade de todos: a igualdade das personalidades livres: porque só a liberdade é igualdade. (...) Temos necessidade doravante de uma educação pessoal (...). Se quisermos dar um nome terminado em «ista» aos que seguem estes princípios, eu escolheria, pela minha parte, o de personalistas.

(...) Para concluir e exprimir em poucas palavras o rumo em direcção ao qual o nosso tempo deve virar a proa, — o desaparecimento necessário do saber sem vontade e o alevantamento do saber consciente de si, que se cumpre no brilho solar da personalidade livre, poderiam conceber-se assim: o saber deve morrer para ressuscitar como vontade e recriar-se quotidianamente como personalidade livre.

Max STIRNER

COMPOSTO E IMPRESSO NAS OFICINAS DA
GRÁFICA DE COIMBRA
BAIRRO DE S. JOSÉ, 2 — COIMBRA